谨以此书

献给我的父亲和母亲，

献给我最亲爱的孩子。

聪明的妈妈会沟通

——陪孩子走过中学时代

王晓清　著

中国海洋大学出版社

·青岛·

图书在版编目(CIP)数据

聪明的妈妈会沟通 / 王晓清著. —青岛:中国海
洋大学出版社,2017.11
ISBN 978-7-5670-1646-0

Ⅰ.①聪… Ⅱ.①王… Ⅲ.①家庭教育 Ⅳ.①G78

中国版本图书馆 CIP 数据核字(2017)第 300168 号

出版发行	中国海洋大学出版社			
社　　址	青岛市香港东路 23 号	邮政编码	266071	
出 版 人	杨立敏			
网　　址	http://www.ouc-press.com			
电子信箱	1193406329@qq.com			
订购电话	0532－82032573(传真)			
责任编辑	孙宇菲	电　　话	0532－85902469	
印　　制	青岛国彩印刷有限公司			
版　　次	2017 年 12 月第 1 版			
印　　次	2017 年 12 月第 1 次印刷			
成品尺寸	170 mm×230 mm			
印　　张	13			
字　　数	230 千			
印　　数	1—3000			
定　　价	39.00 元			

发现印装质量问题,请致电 18954267799,由印刷厂负责调换。

序　言

进入高中校门的儿子，一副"独立战争"胜利者的派头，常常给我一种"有事儿说事儿，没事儿走开"的感觉。缺少沟通的机会，陪伴和引导将是空谈。

灵机一动。从儿子读高二起，跟儿子"申请"，要开个公众号，名曰："一天一得"，写点家庭教育心得的文章，可能会发到儿子就读的青岛二中的家长群里。鉴于儿子对我的书面表达能力有一些信心，再加上被充分尊重，他立刻"批示"：支持我做自己喜欢的事儿，也不怕为此在学校里可能会承受压力。

既然支持，就不能只停留在口头上，要有行动的。那么，在我跟他沟通的时候，是不可以爱搭不理的，因为我是"有正事儿"的。于是，儿子一步步地"上钩"了，我跟他的沟通也常常比较有效。

后来我突发奇想，跟儿子宣称："如果你将来考上一所好大学，那么我会把这些文章整理了出本书。赚了钱我俩对半分！"当时激励儿子的成分很大，对我自己也是一种潜在的动力。

后来，儿子入读了香港中文大学。虽然他早就把出书的事儿忘在了脑后，但我觉得该兑现自己的承诺了，尤其是被公众号里热情的粉丝们推动，以及家人的鼓励之后。这就是本书的"前世今生"。

现将自己在近两年的时间，发表在自己的公众号"一天一得"上的部分精华原创文章重写或修改后，加上一些从未发表过的文章，编辑成册，纪念陪伴孩子的这段宝贵时光。儿子能不能"分成"，就取决于是否能得到读者您的厚爱了。哈哈！

这是一个普通的妈妈和她普通的孩子一起成长的过程，希望能给您带来一些启发。

愿天下所有的孩子都能充分发掘自己的潜力，愿天下所有的父母都有那份耐心和共情，去帮助孩子做到。

目　录

第一章

什么是孩子的起跑线

1 有惊无险，孩子来到人世间

离预产期还有十多天的时候，我一个人去产检时被经验丰富的老大夫拦下：不准回家！胎儿情况危急，需要立即住院手术！于是打了一通电话广而告之，通知单位，通知家人。就连交接工作，也是在医院产科的病床上。一切都乱套了。

第二天，就进行剖宫产手术了。

那一天，我永远都忘不了。尽管打了麻醉不觉得疼痛，但是当大夫把孩子从子宫里往外拉的时候，我的心脏非常难受，透不过气来。然后，当大夫把一个粉嫩的、哇哇大哭的婴儿捧到我面前时，我才醒过神来：原来我不是个病人。我当妈妈了！眼泪立刻哗哗地往外流，哭得不能自已。

孩子完好无损，各项指标都正常。有什么比这个更令人欣慰的呢？从那天起，我开始感谢上天，赐给我一个健康的孩子。

我不敢想象，万一遇到的不是一个经验丰富的大夫，万一……我会陷入万劫不复的境地。既然费了这么多事，承受了这么多风险，我一定要好好爱我的孩子。

抚育孩子的过程虽然是幸福的，但对一个出了月子就不得不上班的职业女性来说，尤其不易。我艰难地在工作和抚育孩子之间寻找着平衡点。孩子夜里常常哭闹，那时候对我来说，最奢侈的是睡眠。

我的每一个决定，都会把这个幼小的生命放在优先级考虑。但我不确定，怎样是对他真正的、长远的好，而不是我自以为是的好。

生活并不安稳，岁月也没静好。每天都在失去，同时，也在获得。

忽然有一天，我想明白了。什么是好妈妈？至少，一个感觉不到幸福和快乐、人生没成就感的妈妈，成不了一个好妈妈！自己没有的，无法给别人，即使那是你心爱的孩子。

所以，在给孩子幸福和快乐以前，我先得给自己幸福、快乐，让自己充满积极的心理能量。

在让孩子尝到成就感之前，我先得让自己尝到。因此，我不能停下奔跑的脚步。

生活不会善待任何弱者，在使孩子强大之前，我也先得使自己强大。为母则刚,我别无选择。

我的生命在那个阶段,至少是为了两个人而活,而拼搏。不能让孩子输在起跑线上,而那个起跑线,就是我的认知水平。

在这些目标的激励下,在未来的日子里,我鼓起勇气,做出了一个又一个重大的决定。养育孩子,令我成长,也让我惊奇地发现:原来一个人的潜力可以这么大!

我的儿子从小并没有表现出什么过人的天赋。现在想来,这是件好事,因为这降低了我对他的期望值,也没让他承受"望子成龙"的压力。一切都是最好的安排,这句话用在这里很合适。

相反,他的运动能力不算强,说话也很晚。常常是一堆孩子在玩,别的孩子在蹦蹦床上蹦得高高的,而且口齿伶俐,而个子最高的我家宝贝,却一句话都不会说,也不会蹦。

"贵人多语迟",我爱怜地望着笨笨的"小企鹅",自我安慰,耐心地等待他开口说话,维护着他小小的自尊。个头大的孩子,常常被别人误以为年龄也大,因此被寄予的期望值就高,承受的压力也大。我要尽最大的努力,让他尽量不受干扰地成长。

谁要是在他面前有半点负面暗示,我立刻制止。联想到自己童年自尊的被忽略给我带来的长久消极影响,不管孩子听不听得懂,我坚定地做着他的"守护神"。

尽管父母将孩子照顾得很好,两岁半的时候,我还是狠狠心将连一句话也不会讲的孩子送去了幼儿园小小班,希望他能在小朋友们的影响下,早开金口。

有一天,院长向我投诉:我的孩子有点"暴力倾向",动手打小朋友,还在吃饭的时候捣乱,把盛满米饭的碗倒扣在桌子上。

通过我认真的观察,以及对孩子性情的了解,我得出了结论:那只是孩子无法表达自己的需求、无法被别人理解时的一种发泄,跟本性或品行没有半点关系。因此,我也犯不上大惊小怪,当成多严重的问题来解决,那样反而会强化问题。

过了一段时间,孩子终于开口说话了,所有的这些问题,全都被时间解决了。孩子成了个人见人爱、很"爱好和平"、自信满满的小孩儿。

这告诉我,在孩子的成长过程中,无论遇到什么问题,先观察并耐心等待,别急于下结论、贴标签,也一般不需要强力干预。否则,很可能会没事儿找事儿,制造问题。

我很庆幸自己做对了这道孩子人生最初的选择题,通过了生活的考验。

2　小胖的诞生与消失

快乐的幼儿园生涯结束了，儿子高高兴兴地迈进了小学的大门。

但是，慢慢地，他变得我有些不认识了，敏感，胆怯，不敢表现自己，见了稍微严肃的老师，就怕得不得了。

他天然的自信哪里去了？这是为什么呢？我苦苦思索。

我忽然发现了一个问题：儿子在幼儿园的最后一年，不知不觉长成了一个小胖子。这是当妈妈多么重大的失职啊，工作再忙也不是理由，我狠狠地自责。

当时儿子已经学了一年多的钢琴，手指虽然修长，但是太软，每次上课总是被老师纠正半天，仍然没有明显改观。再加上曲子越学越难，儿子终于拒绝练琴了，各种耍赖、撒泼的手段全用上了，软硬不吃，就差家法伺候了。

跟先生商量。他问："你家祖上有具备音乐天赋的人吗？"我摇摇头。母系没有，父系也没有。我们即使不会演奏任何一种乐器，也并不影响对音乐的热爱和欣赏。看着儿子日渐圆滚滚的小身板儿，我们下定决心：算了吧。我不是不舍得揍孩子，但是，为了啥？？？值得影响亲子关系，在孩子的心里投下阴影呢？

我们有更重要、更紧迫的目标。

我很快意识到，儿子在小学的表现，跟他受到了一些调皮同学的歧视有关。低年级的孩子们，对"小胖子们"的嘲弄是毫不留情的，"动手动脚"也免不了。我深深知道，要改善这种局面，只有一个办法——减肥。

儿子的体能暂时不行，用跑步的方式恐怕很难坚持。孩子的性格也使他很抵触对抗性强的运动。于是，我们选择了乒乓球、游泳，后来他成了健身房最"年轻"的会员，我还给他请了私教，并且告诉年轻的教练，怎么鼓励儿子才有效。同时，家里也买了跑步机。再大一些的时候，儿子参加了篮球班。

别的家长在领着孩子出入各种课外班、才艺班的时候，小学的几年，我们在出入各种体能训练班。我唯一的希望，就是让儿子喜欢上一两项运动，尝到趣味，这样才能坚持下来，慢慢改善身材，让他更健康。同时，通过运动，也能磨炼他的意志。

为了让儿子减肥，我甚至动用了心理战术，比如吃饺子的时候，把一盘饺子分成两个小盘端给儿子，让他心理上先"饱"了一些。那段时间我承受了很大的心理压力，但没有别的选择，只有坚持。

一到三年级的儿子,学习成绩很一般,哪一科也没有显露出什么优势,甚至完成作业所用的时间,也比一般同学更长一点。可是一旦他完成学校布置的作业,无论还剩多少时间,我从不给他加作业,还常常给他"洗脑":"有本事你就快点儿完成功课(但不能应付),好省下来更多玩的时间!"

我从不检查他的作业,只是闭着眼按老师的要求签字,告诉他:"我可没时间检查,你的作业你负责。"

被老师打上×号,改错呗,下次不就注意了吗?有什么大不了的?

没有什么比给孩子加作业,更容易造成孩子拖拉与消极的学习体验的了。也没有比让家长批改、检查孩子的作业,更容易让孩子卸掉属于自己的责任的了。

让我担心的还有另一件事:他没有什么荣誉感。这不是一个小问题。没有荣誉感,就没有追求荣誉的动力(俗称:不要好),也就不会有内驱力。没有内驱力,也就很难得到什么荣誉。得不到荣誉,就更加尝不到荣誉感是什么。这是个死循环。

孩子自己没有足够的进取心,我总不能去求老师给什么荣誉吧。唉!耐心等待时机吧。

四年级的时候,儿子终于减肥成功,不再是个小胖子了。于是,我觉得孩子还能再往前走一步,就鼓励他勇敢表现自己,在将要到来的元旦茶话会上表演个节目。我深知这小小的一步对儿子的重大意义,不仅挖空心思地鼓动他,还帮他想出了几个有趣的互动游戏。

儿子终于被我说动了,于是我们开始积极地做准备,把一些同学的名字编成了谜语,并准备了猜成语等互动节目,还给同学们准备了一大堆新年礼物。儿子兴致勃勃,充满了期待。

盼望的那天终于到来了。但是,儿子突然生病了,感冒发烧,不能去学校。儿子的眼里写满了失望。

我思考再三,决定跟班主任老师沟通一下,把情况告诉了她。我永远感谢那位善解人意的老师。她表示可以在第二天班会的时候,给儿子留十几分钟的时间,让儿子表演他准备的节目,并且给同学们分发礼物。

第二天,在老师的协助下,儿子总算圆满地走完了流程。从来没有见儿子那么开心过,那么有成就感。

从那一天起,一切都不同了。后来我知道,那是一个孩子成长的分水岭。

儿子忽然就变得有上进心了,竟然在考试前,主动让我帮他复习一下英语。这可是破天荒头一遭啊。我隐隐觉得,这是一个积极的信号。

期末考试结束了,我们正在吃晚饭,班主任打来电话道贺,说儿子的每门功课都接近满分,都是班里的"一哥"!

从那以后,无论是小学的高年级,还是初中、高中,儿子终于上了道,学习成绩一直在班里名列前茅,我很少再为他的学习操心。

过了几天,儿子放学还没进门就在走廊里大喊:"我评上三好学生啦!"

那可是儿子的第一次啊。我其实不在乎什么三好学生,我在乎的是儿子终于知道荣誉感是怎么回事儿了。他已经初步具有了内驱力。花费好几年播种的种子,终于发了芽。接下来的,就好说了,给他空间,他会自己去成长。

儿子的朋友也越来越多了。家长们都会鼓励自己的孩子去跟成绩优秀、性格和善而且有礼貌的孩子一起玩。儿子一下子成了"别人家的孩子"!

下一个元旦茶话会到来时,儿子主动要求表演纸牌魔术。尽管那个魔术有点寒碜,但是我特别开心,把他当成大魔术师来崇拜。儿子终于敢去表现自己,去享受过程,而不在乎结果如何,别人的评价如何了。

所有的转变,从减肥成功开始,从拥有了自信开始。这是真正的缺哪儿补哪儿吧。打通了任督二脉,其他的问题就迎刃而解了,甚至都不是问题了。

比如电子游戏,儿子一直都喜欢玩,并且拥有大部分最新的游戏机。但他还都比较节制,说好了玩多久,就玩多久,说周末玩,就周末玩。我不喜欢他眼馋别人的游戏机,背着我偷偷玩,或以后跑到网吧去玩。要玩就光明正大的吧,也可以锻炼一下自我管理能力。

玩,从来都不是问题。没有节制地玩,学习时不专注,才是问题。

最近,我随手在网上搜到了一部电影,是老版黑白的《海伦·凯勒》,于是看了起来。如我们所熟知的,海伦出生时就又聋又瞎,像一只小动物那样生活着,被上帝遗忘了。

后来,上帝终于想起了她,把安妮·莎莉文派到了她的身边,当她的家庭教师。海伦任性无知,桀骜不驯,根本不受任何约束。安妮教她礼仪,并耐心地在她手上写字,让她的手感知各种手势组成的字母,以及字母组成的单词。

但是怎么能让她明白,所有的单词都对应某个具体的物品,万物都有名字呢?安妮不知道,但是她执着地重复着这种游戏,拼写完了 tree,拉着海伦的手,去摸那棵树。拼写完了 water,去拉海伦的手,触摸流水。但是,海伦仍然不明白这其中的关联。

忽然有一天,奇迹发生了。当水泵里断断续续的水流过海伦的手心时,就像上帝拍了一下她的脑袋,她顿悟了,明白了这就是 water。她欣喜若狂,也明白了 tree 是指树，mother 是指总是拥她在怀的那个女人……所有的概念，她都瞬间明白了。

沉睡的灵魂，终于被唤醒了。海伦带着重生的喜悦，摸索到安妮的身边，第一次亲吻了她的脸颊。安妮激动万分，在她的手上拼出了"I love Helen."

我泪如雨下，没有想到能被这样一部黑白老电影、被这样一些耳熟能详的情节所感动。

也许为人父母的我，在饱尝了养育孩子的艰辛、无助，以及孩子的特异性所带来的在践行教育理念时的无章可循后，此刻更能理解这一幕的含义。在沉睡的灵魂被唤醒前，就应该是这样执着、坚定的努力和耐心的等待吧。

3 青春期：走过"开满鲜花的沼泽地"

儿子从小学恋恋不舍地毕业了。初中报到的第一天，先是给学生开会，然后是给家长开会。

回来后，儿子略显失望地跟我嘟囔了一句："老师看上去很普通哦。"那位班主任是位30来岁的女老师，个子不高，戴着眼镜，是个标准的老师形象。我心里明白，孩子的这种心态只是刚上初中、踏入新环境的一种失落感的反射，跟老师本身无关。

于是我上网搜了一通，偶然在百度贴吧上发现了一个帖子：该校毕业的孩子们列举了本校一些"神师"，以上过他们的课为荣，其中就有这位语文老师。我如获至宝，赶紧拿给孩子看。孩子的眼睛亮了，有了期待。

真没想到，军训一结束，孩子就被老师委以重任，指定为班长了。难道是有"眼缘"？我并不是官儿迷，但刚刚踏入初中校门的孩子能责任加身，令我分外高兴。责任感，肯定有利于孩子的成长，也会令他对自己的要求更高。

儿子承担了更多的责任，一天比一天成熟起来，后来，正式成为了"民选"班长。学生总是如此，亲其师，信其道，很难摆脱这个规律。很庆幸作为家长，自己又一次做对了，给了孩子正确而积极的心理暗示。

儿子升入了初二，也卸任了班长。按规定，班长任期只是一年。"狼"，终于来了。我终于见识到了传说中的"叛逆"。

儿子一向是个随和的孩子，并且我们养成了凡事儿商量的习惯，商量好了，就去照做。他的信誉一直良好，沟通也比较顺畅。同时，凡是儿子坚决要去做的事儿，只要无大害，都是由他去的，不值得因为小的争议影响我们之间的关系。我不给他叛逆的机会，希望他在"界限"内，享有较大的自由度。

但是从初二开始，儿子就像变了一个人，成了一个小暴君，一言不合就发怒，还常常把自己关在屋里，就差在门上挂个"闲人免进"的牌子了。

我猜大概也是荷尔蒙在作怪，尽量不去跟他正面交锋，免得激化矛盾。但是遇到了必须交锋、不能退让的原则性问题，或者退无可退时，就坚决把"战斗"进行到底！如果他暴跳如雷，我就转身离开，对他进行冷处理。等他冷静下来了，我也对他表现冷淡，迫使他反省。

我被一种深深的无力感笼罩着。交流、沟通都这么艰难，还怎么践行教育理念？有一次我想：面对面的交流不行，我就改变战术，用书面的吧。于是，我写了一封言辞诚恳、深情款款的信，放在了他的书桌上。

过了大半天，我问他："你读了我的信了吗？"

他不屑地白了我一眼："我看它不顺眼，撕了，从窗户扔下去了！"

我拼命忍住窜上心头的怒火。深呼吸，深呼吸……老天啊，救救我吧！我都要绝望了。不行，我不服！

用了大半天的时间，我拟了一个协议，把我俩的权利和义务做了明确的规定，并要求得到不低于他给班主任的尊重。

他觉得很新奇，仔仔细细地把那个协议看来看去，最后愣是没敢签字，大概怕有合同陷阱吧，还挺有心计的。不过也从另一个角度说明：他准备做个言行必果的人。

后来的沟通，就慢慢有所改善了。

趁着期中考试成绩退步这个由头，老师择机找他谈了一下。我也跟老师交流："老师，这个孩子是个责任越多越来劲儿、挑着担子更能跑的人。刚卸任班长，有些失去了方向。千万不要怕给他责任，也不要怕耽误他的学习时间。他完全可以承受的！"于是，老师给他安排了一些工作，让他协助新班长管理班级事务。

慢慢地，那个熟悉的儿子，又回来了。将近一个学期的"叛逆期"终于过去了，警报解除。我长长地松了一口气。

有一天，儿子回来问我："什么是爱情？"

什么什么？竟然会问我这么一本正经的问题。原来是老师结合教材，布置给孩子们的作业，让他们跟自己的父母讨论一下"爱情"，然后，让父母就此给孩子写封信。太好了，这是多么难得的、送上门来的"施政"机会啊。否则，他哪会有耐心听我的"敦敦教导"呢？

于是，我以"百分之二百"的认真态度，给他写了封信。那封信，老师当着全班同学的面儿读了，在家长会上，也作为用心家长的典范，当着全体家长的面儿读了。儿子小心地把那封信收藏了起来，令我受宠若惊。哈哈，天助我也，在儿子的眼中，我升值了。

我忽然认识到：父母的价值，自家的孩子往往是看不到的。只有经过外界的认可和推崇，借由别人的眼睛和口碑，镀了层金，转了一圈儿，孩子才能体会到。如果父母想让自己的话更有分量，仅有亲情是不够的，是需要不断努力的。

孩子终于顺利地初中毕业，如愿考上了心目中的高中。生活，翻开了新的一页。

　　老师说：青春期，是开满鲜花的沼泽地。非常形象！青春期既美好又难缠！

　　但是家长并不是完全束手无策，除了耐心，也许让孩子意识到自己的责任，划定清晰的边界，会帮他更快地度过这个迷茫的阶段。责任感，是任何人成长的催化剂。

4 让我抱抱你,我的孩子

　　我从小住幼儿园长托,周六晚上才会被接回家,然后周一一早,无论我如何挣扎哭嚷,还是不得不又被送回幼儿园。那所幼儿园条件很差,几十个孩子睡在铺着黄油布的通铺上,尤其是冬天,很冷。而且阿姨大都缺乏耐心,动辄呵斥甚至打骂孩子们。我常常觉得被家人遗忘了,一周的时间对小孩儿来说是那么漫长,那种无助的感觉深深地刻在了心里。

　　长大后的我很难跟人亲近,像一只猫,受伤后只会躲在角落里舔自己的伤口,不想跟任何人诉说。心理学家说,每个人的心里住着一个小孩,那是童年经历的内化,会对一个人成年后的生活造成巨大的影响。那么,我内在的这个小孩儿,在很久的时间内,是一直没有被"看见"的吧。直至遇到一个真正爱我、欣赏我的男人,才慢慢变得愿意表达自己的感觉,打开自己的内心。

　　因为自己童年的经历,我痛下决心,决不让自己的孩子有任何情感上的缺失。因此,我从孩子小的时候,就会注意避免孩子的分离焦虑。快要上班了,我会提前半小时,指着墙上的钟表告诉孩子:"妈妈一会儿要上班了。"而不是趁孩子不注意偷偷溜走。还剩 10 分钟的时候,我会再提醒一下孩子:"时间快到了,妈妈马上就要出门了哦。"

　　不知道几个月的孩子能够听明白多少,是否有时间的概念,但是他从来都不会因此而哭闹或不让妈妈上班,每次都愉快地跟妈妈再见,让姥姥、姥爷抱过去,因为他知道这是妈妈每天要做的事,并且会很快就见到妈妈的。

　　我为孩子挑选幼儿园时,先见了园长。那是个 50 多岁、非常有亲和力的女士,最重要的是,每次她看向孩子们时,眼里总是流露出欢喜和爱怜,跟孩子说话也总是蹲下来,间或温柔地抚摸一会儿孩子的后背。于是我放心了。我先陪孩子在幼儿园的滑梯、秋千和沙坑旁玩了半天,第二天才正式把孩子送去。孩子只用了两天就适应了,也没怎么哭闹。

　　然后上小学了。放学回来后,儿子并不特别有意愿讲述在学校里都做了什么,但是我发现,晚上在儿子洗漱干净上床后的这段时间里,是最放松、最愿意跟妈妈交流的。我非常珍惜这个时间段,总是放下手里的一切事情,享受这段温馨时光,然后亲亲儿子,告诉他:妈妈爱你,互道晚安后再离开孩子的屋子。

　　通过跟孩子的交流,我知道了孩子在不同阶段的情况和问题所在,判断出哪些问题需要立即解决,哪些只要耐心等待就好,而哪些只是表象,需要透过去看到实质。

即使孩子到了五六年级,比我高出一大截了,下班后,我还会照旧拥抱一下儿子,在睡前跟儿子聊会儿天,亲亲儿子的脸,跟他道晚安。因为我从儿子的目光里,还能感受到对妈妈的依恋,同时我也知道,这样的好时光不会持续很久,何不顺其自然,安心享受做妈妈的福利呢?

我不认为,这样就会阻碍儿子成长为一个男子汉,或者会减少他的男孩儿气概。表达对爱的需求,然后被满足,这不是哪个性别或年龄段的特权,也跟建立坚强的人格特征并不冲突。我已经见识了太多不会表达爱,或者根本就没有爱的能力的成年男人,深沉得近乎冷漠,含蓄得近乎麻木,或者错把对另一半的忽略当成男人的豪爽。我可不希望自己的儿子将来也这样。

每当我跟儿子亲密交流的时候,我妈就会羡慕嫉妒恨:"你看你儿子,跟你那么亲近,你为啥从小就没有想抱抱你妈的意思呢?"

"你又没抱过我,我怎么跟你亲近?"

对于小时候,我并没有什么怨恨。我怎么可能指望,在 20 世纪 70 年代初,家家都挣扎在温饱线上的时候,并没有受到生活善待的父母会蹲下来站在孩子的视角,试着理解敏感的我对幼儿园长托的那一份恐惧呢? 我妈毫无疑问是个好妈妈,但是,我从小没有被爸爸妈妈鼓励,长大了也很难有拥抱他们的冲动,觉得那样很不自然。尽管我可以带他们到处去旅游,乐于陪他们吃饭,聊天,看电影,给他们零花钱。

"你这个没良心的,我不抱你,你怎么长大的? 你小的时候会走路吗? 不还得我抱着你?"我妈理直气壮。这样的桥段,家里不断上演。我妈总会眼热我跟儿子亲热的抱抱。

我心想:理论上对呀,但是为什么没有任何温暖的怀抱留在记忆里呢? 好像此"抱"非彼"抱"呢。可能被抱的时候太小了吧,一旦开始记事儿了,就没有了这个待遇。也从不记得自己小时候跟父母撒过娇。含蓄固然是中国人的传统基因,但我希望在儿子身上让这个"民族基因"进化一些。

我并不是一味地给予儿子,常常也会索取。第一次向儿子索要生日礼物,儿子还在读小学四年级。不知所措的小男生,握着几十块钱的零用钱,在外面溜达了半天,买回了一小盆不知道叫什么的植物。我大大地夸奖了儿子,并表示非常喜欢这个有意义、有品位的礼物。

从那以后,儿子就慢慢养成了习惯,学会了在家人过生日时送上一份小礼物，也知道家人的爱不是水龙头里的水，一拧开就会自动流出来，而应该是双向互动的，是需要表达的。

等儿子上了初中，我下班回家后，儿子慢慢就不迎上来了，而只是远远地笑笑，跟我打个招呼。"好吧，福利到期了。够本儿了。"我调侃着自己。但是，睡觉前在儿子的床前坐一小会，说会儿话，摸摸他的脸，说声晚安，这个待遇时不时地还可以有。

到了高中，我明确感受到儿子发出的"私人领域不得侵犯"的信号：他不再欢迎我在睡前进入他的房间，而是更喜欢独处，连道晚安也常常是隔了道门。有时候我想跟儿子讨论点问题，但是发现他所有的肢体都给出"不欢迎"的表情包：虽然出于礼貌勉强没皱眉头，但脖子转过来了，身体却没有转过来，肩膀也是绷着的，肢体语言说明了一切。我只好把话咽了回去，另寻良机。

我淡定地接受了现状，开始开发新的交流时段。我发现，越是在一些不经意的零碎时间，比如在开车接送儿子的途中，在外出用餐等候时，在等电影开场时，在旅行中，只要不是在家里，儿子常常有更多的交流意愿，会更专注，交流的效果也会更好。

为了有更多的交流话题，我会在征求儿子的意见后，尽可能多地参加一些儿子学校举办的活动。因此，对儿子的朋友、同学和老师，也比较熟悉，有了更多的话题。孩子转眼就长大了，这样的机会还能有多少呢？

而在家里，除了学习时间，儿子基本上被 Ipad、电脑、手机"占领"了，是"沦陷区"。打不过这些电子"敌人"就只好曲线救国了。有时我只好把商业谈判的技巧也用上了，比如说：在交流的时候，尽量不要面对面坐着，如果能让他坐在旁边，他会感受到更小的压力。

我尽量不把自己的意志强加给儿子，让儿子拥有选择的权利，并只在需要的时候给以建议。至于什么"家长含辛茹苦不容易，这是为了你好啊"，"长大就知道家长的良苦用心了"，这些正确而没用的废话，更是从未说过。

一个人能明白父母的辛苦，往往是在为人父母以后，跟十几岁的孩子说这些，只能引起"新新人类"的反感，徒然破坏了气氛。这样得不偿失的事儿，决不能干！

倒是我常常对儿子欣喜地说："能当你的妈妈，真有福气啊。"让儿子觉得，他自己的存在是美好而有价值的。我也是真心这样想的。

一些苦口的"良药"，我总是尽可能包上"糖衣"，挑选气氛好的时候，以轻松而温柔的语气，传输给儿子，效果自然都不错。

"你怎么又叨叨?"有时候儿子也烦重复的话题。

"那你改了吗?"简单而平静的回答。

儿子就不说话了,心里知道:妈妈重复是因为自己做得还不够好,并不是妈妈喜欢唠叨,想制止唠叨就要自己做得好一些。

在儿子 16 岁生日前,我想给儿子一个惊喜,于是筹划了两个星期,定了一间环境优雅、能容纳 30 个人的 KTV 包间,并买回了一堆气球、拉花、彩旗等,为了怕自己去招孩子们烦,还约了一个年轻的摄影师,想给儿子和他的同学们记录下美好的瞬间。但儿子并不欢迎这个主意,表示会有压力,不想成为注意力的中心。

"好吧,又自作多情了",我在心里嘲笑自己,没有多说,立刻取消了预定,把气球等收了起来,只跟家人一起简单庆祝了一下。这是儿子的生活,只能由他自己决定。他想做的事,家长当然可以"一票否决",但是这个否决票太有分量了,偶尔用之,甚为有效,而滥用就会起反作用,甚至催生出孩子的逆反和对抗心理。

我也从不回避与儿子的矛盾和冲突,尤其是关于原则性问题,绝不退让。十几岁的男孩儿,不知道踩到了他哪根神经,就会暴跳如雷,把门摔得哐哐响。在我平静而严肃的目光里,儿子一般会很快冷静下来,理性地重新审视自己的言行和决定,或者道歉。

而我得到的回报是,儿子比较容易沟通,也从不固执己见,错了就立刻承认,并且乐观、豁达、善解人意,还有幽默感。同时,他也知道哪些是自己的事情,需要自己对自己负责。当我被周围的朋友戏称为"最省心孩子的家长"时,常常笑而不语。"力"可以省,但"心"着实不能省啊。

更重要的是,17 岁的儿子,虽然会时不时地嘲笑我的 QQ 昵称土里土气,或在数理化方面沦落到了白痴水平,但是他强烈的独立意识,并没有把我推远。有一天,儿子读了一位家长写的文章,反思自己在教育孩子过程中的诸多失误。他对比了一下自己的成长环境,真诚地说了句:"谢谢你,妈妈!"

还有比这更好的褒奖吗?

教育本不须那么刻意。有了良好的亲子关系做基础,在温馨的家庭氛围里,一些原则和理念,如同种子一般,不知不觉地被播撒到儿子的心田,并且生根、发芽,慢慢长成了参天大树……

5　我要把最好的给你，但什么是最好的？

——写给孩子

感谢上天挑选我做你的妈妈！出生没多久的你，有一天，忽然对着我笑了。刹那间，世界变得明亮。我在心中默念：愿你今生幸福。我一定要把最好的给你。

于是，当幼小的你，把拿着饼干的手伸向我时，我毫不犹豫地在饼干上咬了一大口，然后，你开心地笑。这是最初的分享。不是物资匮乏的年代，我也绝不做那个假装爱吃鱼头的妈妈，总把鱼肉留给不知情的孩子。

买了哈根达斯冰激凌，说好了每人一盒，而你吃完了你的那份，第二天"顺便"把我的那份也吃了，我定要小题大做，表演"心碎"状，来做你的镜子。

我们"吃货"也要有"吃货"的原则，你爱吃的，家人也爱，推己及人，设身处地，与其说是一种能力，更不如说是一种习惯。我不敢指望你能成为某种"大神"或"明星"，只要一出场就引起追随者的阵阵尖叫，散发出的灿烂光芒足能掩盖住一些人性的不足。

我更希望的是，在平凡的生活中，关心别人，心怀善意，感恩惜福。而你没有让我失望，我很欣慰。

我要把最好的给你，所以，在外出购物时，我才让小小的你，帮我拎个小小的袋子。尽管我不需要，但是，你需要。你感受到了袋子的重量，也会有点委屈，因为大多数孩子，都没有拎袋子。可是，后来就成了一种习惯。

你长高了，有一天你忽然就奔过去拎那个最大、最重的袋子了，或者在街上偶遇我，很自然地接过我手中的袋子。我满心欢喜。你看我在笨笨地砍椰子壳，豪迈地叫我让开，然后拿过刀来，同样笨笨地砍。我只管在一旁，崇拜地看着你。不知不觉，你就有了一些叫"责任感"的东西。我固执地认为，没有足够责任感的人，去谈论幸福或者成功，那无异于在沙滩上建造高楼，太缺乏基础。

我要把最好的给你，所以，我不会听任天性淳厚的你，在小学的时候借给同学东西，不好意思要回来，滥当"好人"，或被别人欺侮了，敢怒不敢言。如果你一开始就心甘情愿把自己的东西送给朋友，那是你的自由意志，我会支持你的决定。但是，无论是别人忘记还了，还有故意占有，都是对你自由意志的违背，你需要有所作为。

宽容应有限度，权利需要去保护。而保护权利需要自主意识，也需要智慧。

通过不断退让，来换取所谓的"好人缘"，就像"慢性自杀"。那么牺牲的不仅是自己的合法利益和尊严，还将是自己做人的原则，长此以往，你会让自己的面目变得模糊不清，最终失去了自己。如果失去了自己，即使坐拥全天下的财富，你还会觉得一无所有。

我慢慢地看到，在宽容的基础上，你学着坚守自己的原则。

我也不会刻意粉饰这个世界，即使在你还不大的时候。当生活不怎么美好的另一面徐徐展现在你的面前时，我不会捂住你的眼睛。人生有很多无奈，但我尊重并相信，每一个独立生命的承受能力和与生俱来的韧性。

我们去看电影《夏洛特烦恼》。夏洛偶然穿越回高中时代，为追求心目中的女神，而被"情敌"叫来的小流氓堵截。即使他高中时很反感一直追求他的、大大咧咧并不高雅的马冬梅，但他知道那是他后来的老婆，因此义无反顾地把马冬梅护在身下，被小流氓们围殴"暴K"。你只是出神地看着，而我泪如雨下。也许在你看来，那只是一个男生"够爷们儿"，而在我看来，阅尽人世繁华，曾经沧海，即使一切重来，有些东西仍是无法改变的。

不完美是人生常态，而完美只在一瞬间。因此，我们只问耕耘，不问收获。生命的尽头都是"尘归尘，土归土"，何不让生命的过程多些精彩呢？

请别怪我，净着眼于这些小小的事情。他们说，"成大事者不拘小节"，但我实在不认识什么成大事的人，也想象不出那是什么尺度的不拘小节，所以我不敢拿你的一生冒险。如果你长大了不喜欢，就扔掉我们给你的，去折腾些更光鲜的东西来"重塑自我"吧。

但我猜，也许这是想扔都扔不掉的，即使像《琅琊榜》里的梅长苏那样挫骨去皮，也只能让它们深植心底，融进血液。在这个光怪陆离的大千世界里，我相信，它们会让你内心踏实，看清前面的路。每个孩子都会带上家庭的烙印。这真的没有办法，谁都无法避免。我能做的，是拼命地提升自己，以便你长大能为这些烙印而自豪。

给你的同时，我也得到了很多。因为我必须先喜欢自己，才能让你喜欢我；我先要拥有快乐的能力，才能把快乐带给你。所以，我遇见了更好的自己。

龙应台写出了父母在与孩子实现了分离后的心境：父女母子一场，只不过意味着，你和他的缘分就是，今生今世不断地在目送他的背影渐行渐远。

我知道你还无法理解这种复杂的心情。但是你还记得吧，我们几年前看过的《玩具总动员3》。那个叫安迪的小男儿渐渐长大，要离家去读大学了。面对一件件陪伴他度过了童年美好时光的玩具们，他尽管恋恋不舍，却只能一一挥泪告别,因为它们只属于过去,而不属于崭新的明天。时光不可逆转,长大和变老都是必然。那一刻,你也看懂了,跟我一样热泪盈眶。

　　好吧,如果有那么一天的话,我将对你满怀信心和祝福,因为我没有忘记自己的初心,已经让你具有了一些获取幸福的能力。如此,便好……

6 爸爸该怎么刷存在感

《摩登家庭》是我最爱的美剧之一,温馨,幽默,充满浓浓的家庭气息。里面的 Phill 是个富有家庭责任感的好爸爸,有三个孩子。两个女儿仿佛一夜间长大,跟他日渐疏离。只有上小学的儿子卢克还可以给他带来一些被需要的慰藉,让他有"存在感"。不知不觉,儿子也升入初中。一天,他自信满满地给儿子表演自己尝试了多年、刚刚练成的蹦蹦床弹跳绝技,认为已经可以把它"传"给儿子了。他差强人意地完成了那个"高难度"动作,期待地看着儿子,眼神里全是"求崇拜"。然而第一次尝试这个动作的卢克,却轻松而完美地完成了,然后天真地问他老爸:"是这样吗?"Phill 的眼神顿时五味杂陈,一派被后浪"拍死在沙滩上"的悲壮气息,瞬间击中了我。

爸爸们普遍跟孩子相处时间不多,常常无法及时意识到孩子的长大,不像妈妈那样,大多具有灵敏的直觉,自带升级系统,会根据孩子不同的年龄段,自动调整自己跟孩子的相处模式。并且妈妈想说啥就说啥,绝不藏着掖着,毕竟孩子曾经是自己身上的一部分,因此并不见外。

而爸爸在孩子面前,尤其是在儿子面前,普遍有沉重的"偶像包袱",总是幻想还能无限延续幼年的儿子眼中无所不能的"超人"形象,即使不能,也竭力想把自己打造成儿子人生的"指引者"。然而在网络时代,给见多识广、日渐长大的儿子当"指引者"难度不小,儿子并不认为爸爸比"知乎"更博学、更智慧,反而觉得爸爸比"知乎"更好为人师,所以常常并不买账。

我曾经有个不善言辞、受教育水平不高的同事。一天,他读到一则新闻:一个中学生在过马路时不小心被车撞死,就担心起儿子来,一等儿子放学,就急火火地从单位给儿子打电话:"你以后过马路要看着点儿路,别被车撞了!"他儿子一听就急了,在电话中生气地喊:"你怎么就不盼我点儿好事呢,净咒我!"然后"咣"地把电话挂了,气得那个爸爸脸色铁青,半天没缓过劲儿来。

作为旁观者,知道冰冻三尺非一日之寒,对于此事,不能简单地论对错。但是我想,作为吃的"盐"比儿子吃的"饭"还多的爸爸,应该懂得"儿大三分客"的道理,就是当儿子长得比自己还高了的时候,别把自己当成儿子他爹(除非是那种有趣的、与时俱进的、跟儿子拥有共同爱好的"神爸"),而要当成孩子他"二大爷",除了关爱,说话的语气中要带上足够的尊重和客气,提高跟儿子的沟通技巧。否则,吃"盐"多也只能说明当爸爸的口重而已,跟积累了多少宝贵的人生经验关系不大。

而对于那些没有"金刚钻"的爸爸们,当青春期的孩子遇到问题了,在无法确定自己的意见能否真正帮到孩子时,不必强刷存在感。明智的做法是虔诚地献上自己的耳朵,多听少说,甚至只真诚地说一句:我相信你。这就很好了。

不自量力的话,只能招来孩子明里暗里的白眼儿。如果实在憋得难受,充分表达了自己的意见就算尽到责任了,说服不了孩子也不必耿耿于怀。即使因为孩子没有按爸爸的意见行事而摔了跟头,也要假装没有看见孩子的狼狈相,戒掉"我早就跟你说过了"的口头禅,因为跌倒又爬起是成长的必经过程。否则,孩子小则敬而远之,大则燃起熊熊战火,从普通的意见不同升级为"独立战争"。等若干年后孩子自己做了父母,开始懂得"可怜天下父母心"了,大好的父子间的岁月已经被白白蹉跎掉了很多。

引导青春期的孩子从错误中吸取教训,这是非常敏感的,无论爸爸的出发点是多么正面,又是怎样聪明地铺垫,只要落点是孩子的错误,基本都会引发孩子被指责、被批评的反感,导致逆反心理。只有让孩子自己慢慢领悟,自己去碰触这个伤疤,才能使孩子的内心觉醒。而爸爸要做的,可能只是充满信任和关爱地拍拍他的肩膀、拥抱他一下那么简单。除非孩子执迷不悟,总是重复同样的错误,需要用力点醒他,但是也要对可能产生的副作用有"解毒"预案。

孩子面前,人人平等。即使对于那些事业有成、"有两把刷子"的爸爸,纵然拉低身段去跟青春期的孩子"邦交",只要爸爸方式太生硬、太刻意,或没有孩子感兴趣的话题,也多半被孩子晾在一边,讪讪地,唉!在外"呼风唤雨"的爸爸,总不能一生气把孩子像下属那样给"开了"吧。本来嘛,当爸爸的如果连孩子的班主任姓什么都不知道,也不知道孩子的朋友们是谁,父子俩又没有共同的兴趣点,只能"沦为"点头之交。爸爸空有满身武艺,在家里无处施展,对孩子的一腔热血,也无处抛洒。即使是那些"才高八斗,学富五车"的爸爸,自己的满肚子学问也不见得一定就会"变现"为跟孩子之间高超的沟通技巧和共同的话题。

我也遇到一些真性情的爸爸们,能够把握住美好的瞬间,珍惜跟孩子相处的每一分钟。儿子上小学时,我们跟其他几个同学的家庭一起外出游玩。看到男孩儿们聚在一个小广场准备踢足球,同去的一位爸爸童心大发,三下两下扒掉了外套,甩掉了皮鞋,脱掉袜子,把裤腿一挽,从一位成功的商业人士,秒变为赤脚的足球队员,加入了儿子的一队,在硬邦邦的水泥地上,勇猛地带球过人,在射门成功后,跟儿子兴高采烈地击掌欢庆,还一个劲儿地吹嘘自己当年在校足球队的辉煌战绩。我想，儿子脸上那种对老爸又敬又爱的神情，对他意义重大吧。这个场景，这个时刻，会永远刻在父子俩的记忆里，将会被珍藏一生。

在巴厘岛旅游的时候，我们住的酒店大堂是敞开式的，半露天，迎宾员是两个十七八岁的美丽少女，微黑的皮肤，身着印尼传统长裙，笑容可掬。一个初中生样子的中国男孩儿，好奇地偷偷瞟一眼她们，又瞟一眼。他的爸爸见状会心一笑，征求了两个女孩儿的同意，大大方方地让儿子站在她俩中间，把他的两条胳膊一左、一右，轻轻而自然地搭在两个女孩儿的腰上，然后按下了快门，记录下儿子自信而开心的笑容。从此儿子心里多了一份美丽的记忆，那是因为他的爸爸。

心里暗暗赞叹，这个爸爸做事好帅啊！而这样"帅帅的事"就是妈妈们望尘莫及的了。所以父母对孩子都很重要，能发挥不同的作用。

有一个朋友告诉我，他很小就知道怎样游走在爸爸和妈妈之间。妈妈不同意的事，去求爸爸就屡屡得手，反之亦然，玩得不亦乐乎。后来，他爸妈意识到了问题，就达成共识，统一由妈妈负责批准孩子的各项请求，只有大事才共同讨论决定，这才堵住了漏洞。

并不是这个朋友特别聪明，而是孩子都有这种察言观色、趋利避害的能力。因此，爸妈组成牢不可破的同盟，一致对"敌"，才能无往不利。跟妈妈凡事亲力亲为不同，爸爸如果不能常常在家，工作很忙的话，只需做对一件事就可以了：无条件地、强有力地支持妈妈，做妈妈强大的后援。

孩子惹妈妈生气了，把孩子"提过来"告诉他："你妈妈首先是我老婆，你不可以出言不逊，有话要好好说。否则老子就对你不客气了！"当然爸爸自己不能公然惹妈妈生气，至于"人民内部矛盾"，要悄悄解决。"熊孩子"以后就很少会无理取闹，有理也会好好说理，即使爸爸不在家也会如此。

爸爸要出差前，会告诉儿子："我不在家时，好好照顾你妈妈。"然后给孩子带个礼物回来，告诉他：因为你在家跟妈妈很合作，也照顾好了妈妈，是个负责任的好孩子，所以我要送你这个礼物。一旦儿子得到了积极的心理暗示，再加上他的好行为得到了不断的强化，就会慢慢具备了责任心。而责任心是一切优秀品质的根基，根基扎稳了，那些自律、坚强、乐观等品质，会慢慢地开枝散叶。因为一个人不仅仅为自己活着，还得对家人负有责任，其得到的心理支撑和能量是不同的。因此，为全人类的福祉而奋斗的，都是伟人。

所以，优秀的爸爸在家中不一定非要耗时耗力，但技术含量却颇高。伙夫、车夫什么的，不是必需的角色，只要有一定的经济条件，都可以请人来做。但是，爸爸一定得是四两拨千斤的、不可替代的那个人，用少而精的语言，既能立刻安抚妈妈焦虑的心情，给她力量，在把握大方向的同时，还能"一招制敌"，让孩子迅速看清了问题的实质，不在细枝末节上纠缠，从而为解决问题铺平道路。

　　这样的爸爸身体力行，教会了孩子如何与家庭成员、与他人沟通，为孩子将来建立幸福的家庭打下基础。如果父母跟孩子的关系在彼此尊重的前提下是亲密的，并且父母的婚姻质量较高，那么女儿长大了常常会照爸爸的模式去寻找另一半，而效仿妈妈对爸爸那样去对待自己的另一半。而儿子，则会照妈妈的模式去寻找另一半，并效仿爸爸对待妈妈的方式去对待自己的另一半。所以说：幸福的家庭都是相似的，因为父母仅仅是做好了自己、经营好了自己的婚姻，就大功告成，使孩子具备了获得幸福的能力。这种与他人的良好互动和沟通能力，也是未来孩子在事业上有所建树所必需的。

　　对于榜样的力量，我深有体会。一次，先生送我一枚蓝宝石戒指。上初中的儿子好奇地凑了过来，拿起来赞不绝口："真好看，将来我也要给我老婆买一个！"还没成人，"建设银行"的本质就已经暴露无遗，唉，为娘的听见了自己心碎的声音，而先生却笑得很开心……

7 谢谢有你一路相伴

最近参加了一些教育论坛和讲座,又读了一些关于教育的书,有关于读懂孩子的,有关于陪伴孩子的。开始是有启发的,吸收了太多的信息之后,凌乱了……

可见,信息并非越多越好。关键的,是怎样应用的问题。

那天我在冰冷的学校礼堂参加完了 3 个小时的第一届教育论坛,怀着对儿子满满的爱和理解回到家里,在忙家务时,随口让孩子给冲杯咖啡。

然后……儿子不耐烦地拒绝了,继续看日漫。他一定是不明白,为什么能轻轻松松冲出香浓咖啡的妈妈,自己不去做,却支使儿子去做。

我坐在客厅生闷气。这真是莫大的讽刺啊。现实,立刻给了我一个小小的耳光。

先生走过来,了解了原委以后,说:"我去给你冲。"

"我不要!"

"那我让他给你冲!"

"要来的没意思!"

先生瞬间就明白了问题所在:"也许你选择的时间不对,也许没形成这种习惯。以后会好的。"

然后,他进到孩子的房间里,小声说了几句话后,儿子出来了。

"妈,我觉得吧,你并不需要我冲咖啡。"儿子理直气壮地说。

"但是我想要啊!那么,你确定,以后只有你需要的才会被满足,而我想要的,不该被满足吗?"

儿子愣了一下,嘟囔了一句:"好吧,可能是我有些自私了。"然后回到了自己屋里。

这件事就这样过去了。事后我问自己:是否过于认真也矫情了一点呢?

后来我问先生跟儿子说了什么。原来他只是说了句:"你妈妈很爱你,她现在生气了,你能去处理一下这件事吗?"

我很欣赏先生的这一处理方式。这是一件微不足道的小事儿,所以他没有批评孩子。没有人愿意被批评,批评往往是排在家庭教育清单里最后面的东西。孩子之所以懒得去做,是因为他体会不到我的想法。没有同理心,付出就谈不上了。需要做的,是唤起他的同理心。下次他自然就知道了,小题大做反而欲速不达，激发他的逆反心理。

没有任何一个孩子，天生就喜欢惹自己的父母生气。那些叛逆严重的孩子故意跟自己的父母对着干，除了是荷尔蒙在捣蛋，也是有很多前因后果的，也许也有父母自身的原因。招惹了父母生气，也许一瞬间他们会有报复的快感。但是，接下来一定会感觉不安。如果粗暴地批评了他，这份不安会瞬间被他心理平衡掉：我们这下扯平了！于是，孩子的错误言行被他自己合理化了。如果能唤起他的共情能力和同理心，他才会反思，下次才有改进的可能。

通常，一方被不公正地对待，有尊严的人，会要求对方道歉，从而挽回自己的尊严。如果父母要求孩子道歉，那并不仅仅是为了父母的尊严，或者是证明孩子确实认识到了自己所犯的错误，更重要的是，让孩子放下愧疚，不去积累这种心理的负能量，有利于孩子的心理健康。同时，与其说让孩子养成敢于认错、有错必纠的好习惯，不如说是培养一种面对人生谦卑的态度。谁也不是完美的，是人，就会犯错。有了这个前提，认错，改错，就顺理成章了。

当然，上面发生的事儿很小，儿子也没犯什么错，还没有达到需要道歉的程度。他只是令我不开心。如果为令别人不开心而道歉，那是一种成熟和高情商的表现。儿子还有很长的路要走。

有很多事，我其实不需要儿子的帮忙。但是，儿子比我更需要去做。爱和亲情，是一种能量的流动。既然是流动，就是双向的。付出，得到；得到，付出。如果他还不懂得在力所能及的范围内付出，那么我要学会去索取，以便帮他养成付出的习惯，以便让他体会到：父母也是需要关爱的。

教育就是对关系的处理。此时对这句话有了更深的理解。

谢谢身边的那个人，让我在摸索教育的路上不孤单，并且通过一点点的细节，一件件的小事，用恰当的方式，帮我把爱和理解悄悄播撒到儿子的心田。

并不常伴身边的他，从未让我觉得有缺失感。在将要远行时，他总跟儿子说：你是家中的男人，照顾好你的妈妈。从而让儿子多了一些责任感。

平时在儿子的面前，他毫不掩饰对我的欣赏。作为一个低调的人，我并不习惯溢美之词，但是，作为一个妈妈，我全部笑纳。这并不是为了满足自己的虚荣心。经过了这么多年，在他的鼓励、呵护下，我已经足够成熟和强大，也更新了对自己的认知，明白了自己的价值。一个被批评的妈妈，与一个被欣赏的妈妈，哪个更能获得孩子的尊重呢？结果不言而喻。没有被尊重，何谈被倾听，被爱？没有了这些前提，再高明的家教理念，也是空谈。

他不遗余力地包装我，我也要对得起这份包装，所以就只有不断努力提升自己。同时,我会更加注意在孩子的面前经营好自己的形象,也会经常将外界对我的评价反馈给孩子。不为别的,只为跟孩子更好地沟通。要让人听你说话,得有两把刷子吧,即使那个人是你的孩子。

这也是我不敢降低对自己要求的一个重要原因。

作为妈妈,我知道自己的弱点。关心则乱,尤其是过度的关心。为此,先生经常跟我讨论:哪些行为是对孩子的束缚、控制,哪些是必要的管教,并制止我的独裁行为和溺爱行为,也帮我放下焦虑。

对儿子参加的任何活动,交往的任何朋友,只要无害,他都加以鼓励,也不怕孩子耽误学习的时间。他认为儿子周末在家用掉不少的时间看日本动漫,玩游戏,很正常,相信这是他需要的放松。学习最重要的是专注和思考,抓住学习的每分钟就可以了,不必每分钟都在学习。也许我们无法培养出一个成就斐然的孩子,但最起码可以培养出一个身心健康的孩子。

如果他对儿子做错了什么事情或说错了话,会立刻跟儿子道歉。他相信,敢于认错和改错的人,是最强大的。因此,儿子并不觉得,道歉是个多困难的事儿。

而对于思想成熟的我,他却很少去论对错。这让原来有点争强好胜的我,慢慢放下了心理防御。只有不需要为自己辩解,不用总去证明自己是有道理、说得对的那个时候,我才会去更加关注如何把事情做好,而不是跟人较劲儿。

智慧而强大的男人,会去成就女人。没有好女人,就很难有好妈妈。

8　春日随笔：如果真有时光机，我想回到哪一天

孩子，如果真的有时光机，我绝不会穿越到"认识"你之前的任何日子，任何时刻。

那些青春的年华，那些美丽的绽放，我不想去凭吊或追忆。既已飘零的花瓣，还是化成春泥吧，滋养我人生的根须伸向更深的土地。

那些成长的孤独，那些迷茫和无助，是岁月送给我的礼物的另一面，我无法把它们从自己的光鲜里剥离。

我的另一种人生，从你的降临而开始。然而我却不必穿越到你降临的那一天。那一天，太特别，也太漫长，那么多年过去了，却始终是我最鲜活的记忆。从一个人变成了两个人，什么样伟大的魔术师能比得上一个妈妈呢！

我也忽然具有了超能力，从一串串婴儿的哭声中，即使闭上眼，也能分辨出你独有的声音。

从此我懂得了满足的含义——我的宝宝降临人世，健康正常，该有的都有，不该有的都没有。

我也不想穿越到你生命开始的几个月里，那实在太过辛苦。白天你是天使，晚上你就变成了"小恶魔"：你时时的啼哭，让我的神经备受折磨。我唯一的奢望，就是睡个完整的好觉。

确实有那么个时刻，是我想回去的：由于我两秒钟的不慎，刚刚会坐立的你，一头从台子上栽倒下来。那时你的头可真大！如果可能，我想一把接住你，而不必听到你的脑袋撞击水泥地的"咕咚"声，以及随之而来撕心裂肺的哇哇哭声。自责就像一把利刃，在我的心里游走了很久。

我还想回到录像里你刚刚学会喊"妈妈"的时刻，我惊喜地笑出声来，然后你就摇摇晃晃地跑开了，像一只圆滚滚的小企鹅。度过了最艰难的婴儿抚养期，那是我得到的大大的奖励——第一次，你对我的身份给予了"掷地有声"的认证。

但我最想回到的那个阶段，是你三四岁的时候。你已经能自如地表达你的思想和感情，学会了察言观色，还仍然依恋着我。我累了的时候，不开心的时候，只要把你散发着奶香的温暖的小身体抱在怀里，亲亲你的小脸蛋儿，我就会瞬间充满了对抗一切压力和困难的能量。原来，孩子是妈妈最强大的"充电

器"，而且是可以秒充的那种！

所以，当我傻傻地、痴痴地看着在花园里嬉戏的小孩子，不忍离去时，请不要笑我或催促我，也不要质问：我是不是不那么爱长大后的你了。因为，那个时刻，恍惚间让我的心里泛起了丝丝的暖意。

5岁以后的时光，我不太想回去，因为，你慢慢结束了跟我共生的日子，变成了你自己。你开始对我坚决地说"不"，常常问很多我无法招架的"为什么"。你也不再满足于我的怀抱，稍一停留就向外挣脱。

我也不想回到你踏入小学校门的那一天。虽然我很欣慰于你的长大，但放开了你的手，目送你的背影消失在学校的大门里，我的心情异常复杂。我好像把自己最宝贵的、最心爱的，交付了出去，交给了未知。

你所有毕业的日子，我都不忍再次体验，那太刻骨铭心。无论是你幼儿园的老师哭成了泪人，还强作欢颜在台上为你们跳最后一支舞，你和好朋友抱在一起，久久舍不得分开；还是你小学和初中的班主任，流着泪一个一个地拥抱她的学生们，你在美丽的校园里，转了一圈又一圈，看了一眼又一眼。

成长好像是在一瞬间。

忽然有一天，跟同学外出游玩时，你就不需要我送了，也不需要家长们帮忙计划了。

忽然有一天，我们在外面发生争执时，我再也无法通过佯装径自快走，利用你怕走失的小孩儿心理，逼你追上来主动求和了。你转过身去，倔强地选了另一条路走开了。从此我再也无法耍妈妈式的"阴谋诡计"。

忽然有一天，我们刷剧时，我笑道："这个镜头少儿不宜！"你也笑道："然鹅，我已经不是少儿，而是青年了！"我愣了好久。是啊，你已经18岁了。

我的内置"成长探测器"，好像失灵了。我开始不知道怎样跟你相处。经历了无数次的"独立战争"，我后退了擅自逾越的那一步，终于认可了你的"主权"，也认可了你的"地盘"由你来做主。为人父母，大概没有能打赢、也不想打赢这场战役的。

一切好像变得简单明了，月朗风清。是我的不甘心、不放心，把原本简单的生活搞得复杂了，我终于懂得了放手。

你在放纵与自律之间游走，在自我怀疑与自信之间徘徊，在懈怠和努力之间挣扎。你在修你人生的必修课，而我可能当不了你的导师。

我只是——你的妈妈。无论生活是好是坏、富裕或贫穷，无论你成功还是失败，我都会一如既往地支持你，爱你。

　　我常常在想：如果我不是个妈妈，在面对那些艰难的选择时，在面对困境和压力时，在面对自己的极限时，我是否还能有如此的勇气，左冲右突？你给了我责任，更给了我力量，让我变得更强大。这是一个妈妈得到的回报吧。

　　我愿我在你的眼中，不仅是你的好妈妈。如果我是个陌生人，我愿因为我的思维方式和所作所为，赢得你的尊重和钦佩，而不仅仅是因为亲情。

　　我忽然不想穿越了。我们一起走过了那么远的路，看着你从婴儿，儿童，少年，长成了青年。这是一部平凡而独特、未完待续的电影，哪一个镜头我也不舍得删去，即使那是最狼狈或最蹩脚的一个。

　　同时，哪一个镜头我也无法说精彩。精彩只是瞬间的感觉和呈现。在厚重的岁月面前，用精彩评判，太轻飘飘和微不足道。

　　既然时间不肯慢些走，既然什么都留不住，就让我静静地独自欣赏，人间最美的四月天。

　　樱花在枝头争艳，玉兰花瓣铺满了草地；

　　一群群海鸥扑动翅膀，鸣叫着掠过海面；

　　飞机划过蓝蓝的天空，拉出白色的长线；

　　绚丽的风筝一飞冲天，放风筝的少年笑弯了眼。

9　怎样跟孩子的老师相处

在孩子的成长中，我们会接触到很多老师。

记得当初儿子到了小学入学年龄，按照规定，先要去学区小学报名，尽管不准备去就读。

一进那所小学，只见负责报名的几个老师正在闲聊，着装随意，姿态各异，有的还在啃一只大桃子，就像是在……家庭聚会。她们给孩子做了登记，并做了简单的测试，然后热情地说："好聪明的小朋友啊，来吧来吧！"我笑了笑，拉着孩子逃一样地跑掉了。

我们选择的小学，环境优美，老师们一见面就感觉训练有素，统一着装，亲切又不失庄重，让我觉得：把孩子交给她们，放心。还让我觉得，我自己也要努力，才能配得上这么好的学校。

我一开始不好意思去打扰老师，总是很犹豫跟老师联系。后来，联系过几次，我改变了看法。一个班50多个孩子，老师不可能都关注到。主动跟老师联系的家长，会给老师一个感觉：说明家长对孩子的教育比较重视，因此，跟老师的距离也会拉近一些，沟通也更顺畅。

我发现，所有的老师都对一个问题特别敏感：教育孩子是谁的责任。

有很多家长认为：是学校、是老师的责任。而学校、老师则认为：是家庭的责任。

如果这一点达不成共识，老师是不敢过于接近某个孩子或家长的，怕家长产生错误的认识而撂挑子，未能尽到应尽的责任。那就耽误孩子的成长了。

老师，说到底是一种职业和工作，无论它多么神圣。教书，是老师的职责。但是在中国的教育体制下，想在学校学到辩证、理性的思维方式什么的，这是奢望。因此，学生学的只是课本上的知识，要不怎么叫"教书"呢。

而育人，学校承担什么责任，家庭承担什么责任，不容易划分。但是，一个不成器的孩子，对学校毫发无损，对家庭的伤害却是巨大的。一件事的后果越对哪一方产生的影响重大，越说明这是哪一方的事儿，因此，我大胆得出结论：育人更是家庭的事儿。

然而很多家庭，好像并不懂得这一点。

孩子上初中的时候，有时家长会结束后，我会等在一边，顺路捎着班主任回家。我们处得很近。

我充分领略了家长们是怎么跟老师沟通的。

一些家长上来就着急地问老师："老师,你说俺这个孩子可怎么办呢?"

班主任是一个直率的人,直接不带任何表情地顶了回去:"你的孩子你都不知道怎么办,我也不知道怎么办!"

是啊,就一个孩子,还不知道怎么办? 明摆着不上心嘛。家长都不上心,想推给老师,老师能怎么样啊?

所以,跟老师交流,很忌讳拿不出任何想法和思路,单纯去问:怎么办。

假如这样说:老师,我现在遇到了这样一个问题。我是这样处理的,但效果不理想,您有什么更好的建议吗?

老师的反应肯定是不同的。她会认为你在努力地想办法解决问题,因此,她也愿意尽量跟你配合。是的,是老师配合家长,而不是家长配合老师。因为,孩子管我们叫妈,叫爸。

家长会后,老师身陷"包围圈",疲于回答每个家长的问题,经常拖到很晚。但是,仍然不被有的家长放过,还想再多聊几句。我就奇怪了,这样匆匆的交流,在老师又累又饿的情况下,能有什么效果?

其实这样的家长会,说起来是可有可无的,形式而已。又不能当众批评行为有问题的孩子,只能泛泛地谈些问题,然而坐在下面的家长并不明白,自己的孩子是否有这种问题,自己需要怎样去做。

到了高中,竟然很多学校,连孩子的评语,都是孩子自己给自己评价,打印好后发给老师,然后老师剪下来贴到素质报告册上。或者是,老师制作几个模板,然后稍作改动,套在每个孩子身上。老师的时间和精力,除了教课,还被很多与教学无关的杂事儿占去了很多,导致在该投入精力的地方,反而没有精力了,令人遗憾。

这,更印证了老师只是一种工作。能否少去提师德,少去提"春蚕到死丝方尽"。让谁做自我牺牲,做越烧越短还流泪的蜡烛,谁都不乐意,也不公平。

与其给老师戴高帽,不如去提倡 professional,专业化。让老师从杂事儿中解脱出来,杂事儿该有专人负责,然后老师才可能有精力去钻研教学,去实施因人施教的个性化教育,而不是"生产线"式的教育。

为什么中国的学校不能采取给每个孩子的家长单独开会的形式呢? 分几天的时间,每个家长享有半小时,或者一小时的时间,这种方式的交流,双方都会提前做充分的准备,绝对是高效的。这才是对孩子负责的方式。

　　所以，我从来没有指望在家长会上跟老师有过任何有效的交流。平时有问题，随时沟通解决。

　　老师有一个不可比拟的优势：她有很多极具参考性的"参照物"（同龄同班的孩子们），并且可以看到孩子是如何跟其他同学相处的，是否乐群，是否善于与同伴合作，是否敢于表现自己。这是家长在家里看不到的。我总觉得，这是双方最需要交流之处。

　　至于学习成绩如何，成绩单就摆在那里，联系到孩子在家里学习是否专注，作业本上是否有很多叉号，是否认真改错，孩子的学校体验如何，就基本说明孩子对待学习的态度如何了。我认为，老师自己是没有办法帮孩子提高学习成绩的，只能在孩子有意愿、机会许可的情况下，推孩子一把。而如何让孩子产生内驱力，这主要是家长面临的课题。

　　"好孩子不是教出来的"，这是老师们常说的一句话，因为这是家庭教育的潜移默化。

　　跟老师交流的时候，家长还应该摆正位置。

　　为什么这样说呢？老师不是家长的私人朋友，因此，需要家长控制自己的情绪，尤其是不能指望老师来处理家长的焦虑情绪。那是心理咨询师的工作，是要收费的。

　　有个校草被迷妹们追捧，经常被表白，无心学习，每次家长会后，他的妈妈就六神无主地跑来问老师。然而，老师又能怎么办呢？去厉声喝止迷妹们吗？不现实。这种状况，一直持续了好几年，从初中到高中。想必是家长一直没有找到有效的解决办法，那个孩子最终高考的结果很不理想，令人遗憾。

　　有的家长在老师面前，把孩子揭露地"赤条条"的，跟老师一点都不见外。即使不考虑到孩子的隐私，这样做有多大的益处呢？老师也是有血有肉的人，她也会受到家长消极的心理暗示，尽管她想努力帮到孩子，但是这么一来，很可能在她的潜意识里，会认为这是个问题孩子，家长也教子无方。一旦老师带上了偏见，是很难实际帮到孩子的。

　　如果要称赞老师或表达感谢，必须具体、真诚，才能可信度高，而不是让人起一身鸡皮疙瘩。否则还是直接一些，有事儿说事儿吧。

　　某次跟儿子的一位男老师短信联系，希望在临近高考、儿子已经拼得很累、信心不太足的时候，再多鼓励儿子一下。我顺手附上了一段我以该老师为原型、为孩子班级留言册所写的诗歌片段（此情节来自于听到孩子们某日的八卦趣谈）：

> 我会多么怀念，
>
> 你课堂上的侃侃而谈，
>
> 以及你貌似随意的必杀技——
>
> 那枚威力无穷、精准打击瞌睡虫的粉笔头，
>
> 它蕴含了你数十年勤勉修炼的功力，
>
> 也泄露了你无与伦比的男神霸气。

男老师马上就热情地回复了我：自己做得还很不够，一定会……

我完全能想象出来老师自豪的神情。这样的互动，被女家长写到诗歌里，印在了这届毕业生的 800 本留言册上，老师没遇到过吧？哈哈！

而女老师们同样给我留下了深刻而美好的印象，因此从心里自然地流淌出了下面的一段：

> 我也会怀念你女神般的温婉美好，
>
> 你柔和亲切的声音如春风化雨，
>
> 你充满信任和鼓励的目光，
>
> 点燃我心头的那盏长明灯，
>
> 它照亮我未来远远长长的路，
>
> 让我充满了砥砺前行的勇气。

我对老师们的感谢是真诚的。不是他们的不断鼓励，孩子不会有今天的成长和成绩。

成熟的家长，应该对于交流有着很强的目的性，知道自己需要解决什么问题，比如是孩子不够自信，希望老师能多鼓励她，多给她一些显现自己的机会吗？还是孩子看上去很用功了，作业也少有错误，却总是提高不了成绩，希望老师关注一下他在课堂的表现，或给一些建议？总之，越能具体地说明自己的诉求，越可能解决问题。同时，要记住，有很多问题是老师解决不了的，自己的诉求要合理、务实。

学校的活动，家长应该积极参与，这会让家长对孩子的学习环境感同身受，便于跟孩子交流时可以拓展话题，达到更好的沟通效果。对家长自己而言，是公益心；对老师而言，则给到一种"家长关心孩子教育"的印象，这比其他方式的"增进感情"，来得更加"自然无添加"。

连孩子上几年级也不太清楚的家长，估计现在很少了，但是不知道孩子心里在想什么，喜欢什么，不喜欢什么，孩子的学校体验如何的家长，还是有不少

的吧。不制造"套近乎"的机会，又怎么跟孩子拉近距离、无障碍沟通呢？

同时，跟老师保持一定的距离，才能有理性而有效的交流，并保持足够的尊重，从而产生"距离美"。

不对老师过多地寄予希望，而只是当作一个"顾问"，才能尽到家长该尽的责任。

各回各家，各找各妈。谁家的孩子谁负责！

第二章

没有不经思考的成长

10 我是你的"幸运星",还是你的"扫把星"?
——孩子的心声

为人父母,终日辛劳,却常常觉得,自己的付出都打了水漂。因为你不知道,日渐长大的孩子,想法原来是这样的:

1. 我知道你是个好妈妈,然而,当我听到你说"做你的妈妈,我很幸运"的时候,要比"我含辛茹苦,全都是为了你"开心很多。前者,我像个幸运星,带给你美好;后者,我像个扫把星,带给你苦难。

是让我有价值感,还是负疚感,取决于你。

2. 你在家忙忙碌碌时,我视而不见,只管"闭关"学习或休闲。但你真喊我"救援"时,除了第一秒有点"懒得动",我觉得自己还挺有用的。

即使你给我留下一些任务,自己匆匆扔下句:你真帮我大忙了! 就自己跑出去玩了,但我还挺高兴的。因为我觉得,确实帮到你了。

3. 从你嘴里蹦出来的流行口头语,让我的皮肤发生了一些"物理反应",尤其是我知道,你不是那种酷妈。扮酷,对于拉近我们的距离,没什么帮助。如果你实在想追赶潮流,请自便,别管我。

我妈会不会说"潮语",我一点儿都不在乎。重要的是:

(1)不要唠叨!

(2)不要唠叨!

(3)不要唠叨!

至于想跟我做朋友……你以为我傻呀! 我跟朋友一起做的事儿,讲的话,跟你没法做,也没法说,除非我想找抽。

有平等的交流,就不错了。

4. 我喜欢你衣着大方而不炫耀,去参加学校的活动,去得体地跟同学、其他家长和老师打招呼、交往,并且知道什么该说,什么不该说。而不是像"那谁"的家长,在老师面前,把他"揭露"得只剩一条裤衩了,好像这样老师就能再造她的儿子。

经历了同样的事儿，认识了同一群人，我们就会有一些共同的八卦话题和槽点。产生共鸣的可能性增大了，你才能"居心叵测"地引领我思考、成长。

5. 我知道你很爱我，并且留恋我小时候对你的依赖感。然而我无法像小时候那样黏着你，或任你亲来亲去。这一点，我不得不严肃地提醒你：你已经不小了，要明白并习惯。

一周不见，你捏捏我的脸，偶尔亲一下，像占了便宜似的，或揉乱我的头发，我就忍了，当然是在家里的时候。说实话，感觉还不错，虽然我羞于承认。

在同学或朋友面前，请跟我保持安全距离，以免遭到他们的嘲笑。我既不希望是黏着父母的"妈宝"，也不希望是对父母无礼的"混蛋"。

6. 我有时候心情不好，可能跟你一言不合，就火冒三丈。我"疯了"的时候不要搭理我，让我自己待一会，我会平静下来的。

如果我错了，会跟你道歉的，因为我承受不了这种伤害你的负疚感。那时，请接受我的道歉，不要那么小气。

你错了，也要道歉。不要因为掌握话语权，就强词夺理。别当我是小孩儿，好欺负！

7. 关于学习，倒不是我们谈论的禁区。问题是，说来说去，也没有点新意，会让我习惯性地"反胃"。我要总问你赚了多少钱，为什么不努力多赚点，你也受不了吧。

学习的重要性我懂，但有时候难免会松一松，再紧一紧。时不时给自己一点小小的奖赏，我才能坚持下去。

我不相信，你们大人上班时，不聊天，不走神儿。给我打开家长 QQ 群看一下！

8. 你们谈论社会黑暗的一面，谈论那些贪官，腐败，潜规则，悠着点行吗？我还是未成年人好不好！我的小心脏还不够坚硬，对于未来，我还有很多希望和憧憬。

社会这么黑暗的话，我将来怎么混啊？！我还瞎忙活啥？

9. 我知道，家里的任何东西，都不是我挣钱买来的。但给我了，就是我的东西了,请不要擅自处理。就好像把我生下来了,我就是独立的个体,请不要习惯性地替我做决定。

我知道叛逆是不成熟的,所以,请别给我这样做的机会。只要你尊重我,主动询问我的意见,或给我选择的权利,大多数时候,我的决定其实跟你的是一样的。但由于过程不同,其意义对我也截然不同。

这样,我才能逐步对自己负责。

10. 你要想教育我点啥的话,别只顾狂刷存在感。义正词严,语重心长,声泪俱下啥的,这些只能偶尔用之,多了就不好使了。

得有点技术含量:理念要与时俱进,"形式"最好新颖,并选择我心静的时候。

心眼儿存量够的话,你就"高级黑",给真理披上吸睛的外衣,我会爱听。硬灌的"鸡汤",会让我消化不良。

否则,为了"世界和平",我只有一个耳朵进,一个耳朵出,假装灵魂被深深触动,其实我只想请你打住!但看你入戏那么深,我不忍打断你,而已。就算我对你的尊重吧。你看,我还是很懂事儿的。

11 情商的作用不是你想得那么大

有不少父母吐槽:孩子的情商"余额告急",甚至到了可以忽略不计的刻度了,急问:怎么办怎么办?

什么是情商呢? 情商,准确地说,是情绪智能,即处理情绪的能力,对外是理解他人、与他人和外界事物相处的能力,对内则是了解自己、与自己相处的能力。

高情商,就是处理情绪的技能高。

如果是善于处理自己的情绪,其表现是:

善于自我激励、化解压力,内驱力强,因此就有了恒心、勇气、自信等那些闪闪发光的美好词汇。

如果是善于处理别人的情绪,其表现是:

与人共情能力高,善于沟通、交往,能较大程度地取得别人的合作。

请注意,这个别人,是指除了当事人之外的任何人,包括自己的父母、儿女、配偶等"不见外"的人。因此,只善于在家庭以外交际、而不善于处理与家庭成员关系的人,绝不是真正的高情商,最多是掌握一些社交技巧而已。

情商,毫无疑问是非常重要的,会对一个职场人的工作成就,产生重大的影响。

即使是对于一个学生的学业成绩,也会产生很大的影响。明显智力超群的学生是少有的,在智商的差别不那么明显的前提下,情商因素(比如恒心、自律、主动性、承压能力等),是学习成绩好坏的决定因素。

一个孩子的情商,可能有遗传因素的影响,也受智商的一定影响,但更多是后天习得的。毫无疑问,高情商的父母,在夫妻关系良好的前提下,拥有高情商的孩子,概率较大。

如果父母自认情商不高,又要求孩子有高情商,请问孩子从哪里去习得呢?

如果父母自认情商较高,但恨孩子情商不高,请问孩子是从哪里习得的呢?(跟上句有所不同,请辨别。)

先该溯本求源的吧。我忍了半天,终于憋不住说出来了。(唉,这明显是情商不高的表现。)

其实,凡是对孩子的情商余额不满的家长,大多是不满意孩子待人接物时的行为方式罢了,即不善于处理别人的情绪。反而常常忽视了孩子是否善于处理自己的情绪。

先说行为方式。

从这个方面去判断情商高低，并不是 1＋1＝2 那么简单，如果没有一定的心理学常识，可能会做出错误的判断。

比如，那个淘气地捉弄、欺负前桌小女生的 7 岁小男生，其实只是喜欢她而已，想引起她的注意。

该怎样制止他呢？

是说："欺负同学是不对的，下次我会惩罚你的！"

还是说："你这样做，是不会让她喜欢你的，只会让她讨厌你！其实你可以有别的方式哦。"

如果不知道他行为背后的动机，就无法有效纠正他错误的行为。

也许我们的孩子已经远远超过 7 岁了，但是我们并没有正确地判断出他的行为方式背后的动机，就匆匆地给他扣上了情商不高的帽子，缘木求鱼，因此总是连鱼的影子都没见到。

再说说处理情绪。

不善于处理自己的情绪，就不可能善于处理别人的情绪。就如同：你不会做自己家的饭，自然也不会做别人家的饭。

引导孩子觉察并处理好自己的情绪，很可能是抓住了"情商不高"这团乱麻的线头。

比如，不善于处理愤怒情绪的孩子，不会或不被允许用安全的方式把愤怒释放、表达出来，而向内压抑，常会呈现出一种很有迷惑性的相反的表现形式，比如扭曲地、没有原则地去讨好对方。

所以，此时我们的课题不是怎样禁止孩子表达愤怒，而是如何引导孩子安全地表达愤怒，去加以疏导。

善于处理自己的情绪，只要再多延展一下，加一味"调料"——共情能力（即推己及人，感同身受），就比较容易处理别人的情绪。因为我们都同属一个"物种"——人类。

己所不欲，勿施于人。

比如，你刚刚受挫的时候，可能不需要被别人分析，或给什么建议，而只希望对方耐心倾听，理解你的感受。

于是,你会静静地坐在受挫的孩子旁边,用心地"献上"一双耳朵,偶尔回应一下,而不是滔滔不绝地评论,或者急着给孩子出主意。

所以,引导孩子的人际交往,应该从帮助孩子觉察并处理好自己的情绪开始。如果父母本人也不知道怎样去做,只有在要求孩子以前,自己先恶补了。

可是,一个非常善于处理自己情绪的人,就能跟其他人愉快地玩耍了吗?不见得。

比如你信奉以德报怨,原因是不想让自己活在憎恨中。因此,你能笑对那些曾经为难你的人。

而你的另一半,信奉以牙还牙,君子报仇十年不晚。因此,他在成功"修理"对方、获得心理平衡之前,始终无法释怀。

你们就很难真正地产生心的交流。你显得很宽容,而他,显得不宽容。这,与情商无关,而是关乎价值观和世界观。

即使是同一个物种,人和人之间的差距,也可以有天壤之别。

情商不足,这样一个粗暴的判断,掩盖了很多因为价值观、世界观不同,而导致不同结果这一事实。

一个学霸,不愿帮助同桌解难题(或不愿参加班里的活动),不见得不知道此举会影响自己的人际关系(即使是个小学生,也知道这种行为的后果)。他只是按照自己认为的更有价值的方式,去分配自己的时间和精力罢了。

另一个学霸,总是愿意帮助同桌解难题,主要原因不是通过这种方式去打造良好的人际关系,而是相信:以传播为目的的学习,会有更大程度的收获。他相信分享的力量和价值。

因此,很多我们以为受情商影响的行为,其实是由其价值观决定的。

情商和价值观究竟有什么不同呢?再举个例子吧。

一个家庭富裕的孩子,跟同学们出去玩时,一般不会抢着付账(除非是特殊场合),而是跟大家一起 AA。这不是因为情商低,而是他不想让大家被他优越的经济条件所碾压,承受经济方面的压力。他相信在人格方面,人人平等。

同时,他也不想有同学因为他的家境而结交他、接近他。他不相信钱能买来真正的友情。

这是价值观的作用。价值观,就像一个指南针,会指引一个人总是向着心目中的方向行进。

如果他踏入社会以后,由于发展需要,把自己精心包装成了一个人气超高、颇具社会影响力的青年领袖形象,那么,可以说他是高情商。

情商,有点像方法论。情商高低决定了你能否达成某个目标。

而价值观、世界观决定了你究竟要达成什么目标,以及为什么要达成这个目标。

一旦目标错了,越拼力达成这个目标,错得越远。

有句广为流传的话:善良比聪明更重要,说的就是这两者的不同。

善良＝价值观。

聪明＝智商＋情商。

因此,情商对于衡量一个人能取得多大的成就,重要,但没有我们想象的那么有决定性。

如何提高情商呢?

1.如果具体说到如何提高与人沟通和交往的能力,比如如何赞美别人,如何表达不满,如何请求帮助,等等,这并不是难事。有很多书、很多讲座去阐述这些话术和社交原则,学学和练练,就会立竿见影。

2.至于更加根本的综合素质,比如解决问题的能力,首先就要不断修正自己的认知。

关于认知的作用,举个荒诞的例子吧。

如果婚姻是有有效期的,比如7年,每到7年结束,如果任何一方不想再续约,那么这段婚姻将不再有效,一方是否还会视另一方的所有付出为理所当然?

这个假设,绝对会自动提高很多家庭的婚姻质量和双方的情商余额。

婚姻固然没有有效期,但是,人的宽容度、忍耐度、单方面付出的程度,却是有限的,一样可以导致婚姻的瓦解。

任何驭妻术、驭夫术,任何浪漫的手段,或沟通技巧,都比不上对于以上事实的认知更给力。

3.有了客观的认知,就更容易正确定义问题的实质,也才有可能谈到去解决这个问题。

比如"孩子情商不高",这不是问题的定义,而只是一个模糊的判断。如果孩子表现出不善于与别人合作的倾向,可能是因为这些原因:安全感不足,自信心不足,社交技巧不足,或者不明白合作的价值,等等。

需要具体分析是哪些原因导致孩子的这一倾向,才能正确定义我们遇到的是个什么问题。

可能我们会这样定义：安全感、自信心不足，导致孩子具有不善与人合作的倾向。

也可能会这样定义：不明白合作的巨大价值，导致孩子具有不善与人合作的倾向。

或者这样定义：不懂社交技巧和话术，导致孩子具有不善与人合作的倾向。

以及这样定义：我其实不明白孩子为什么不善与人合作。

上面不同的四种对于问题的定义，对应着不同的解决方案。你看，这并不都跟孩子的情商有关，而与孩子的价值观、认知水平有着密切的关系，说到底，是受到父母的综合素质和对孩子的抚养方式影响的。

情商，和智商一样，常常是我们拿来解读很多问题的替罪羊。

写到这里，想到了一个人：阿甘。尽管他是电影中的人物，但是经典之所以长盛不衰，必有他生活中的基础。

他的智商75，很低。

他的情商也不高。除了具有"一条道走到黑"的习惯（可以称之为坚持），甚至没有多少自信。即使在炮火中抢救战友，做出了勇敢的举动，也很难用勇敢来描述他的品格，因为这更像一种本能的驱使。与人交往的技巧、善解人意、人情练达什么的，就更约等于零了。

可是他的三观很正（相信人都是善良的，忠于朋友和爱人，不贪财，懂得付出，有信念，相信上帝的存在，等等），于是，他的人生达到了一般人无法企及的高度。这，挺能说明问题的吧。

12 我不够自律，但我想让我的孩子自律，有秘诀吗？

有次跟一帮亲朋好友去吃自助餐。一个朋友家的女孩儿上来就给自己盛了一大杯冰激凌，大口大口地吞吃着。我惊得目瞪口呆："冰激凌不是应该吃完饭再吃的吗？你不是胃不好吗？"

只见她瞪着呆萌的大眼睛，不解地说："可是我喜欢吃啊！"

我无语。

这个女孩儿我知道，即使当年高三快高考了，每天早上都是被她妈妈叫五遍以上，最后从床上硬拖起来，总是饭也没空吃，揣上片面包，就往学校跑。

我曾经"粗暴"地打断了她妈妈的控诉："你为啥不让她自己上闹钟，然后不管她？迟到几次被老师痛批，她下次就不会这样了！"

她妈妈两手一摊，无奈地说："可是，我不忍心呀！"

不忍心！唉！

一个起不来床、常常踏着铃声飞奔进教室的学生，可以推断，学习态度和成绩一定不容乐观，跟好大学毫无悬念地无缘。一个吃自助餐先来上一大杯冰激凌的人，可以推断，肠胃一定不会好，生活也多半会步步险境，充满坎坷。

事实也果真如此。

不忍心让女儿迟到的妈妈，后来眼睁睁却又无奈地看着女儿在人生的泥潭中挣扎，每每在关键的时候，女儿都缺少一狠心、一跺脚、屏住一口气、奋力跃出泥潭的那股力量，却不知道问题出在哪里。

你看那些通过自己的打拼而事业有成的人，很少会大腹便便，身材严重走形。

小事上不能自律，大事上就更难自律。一个人，控制不了自己的作息时间和自己的饮食，就很难把握自己的人生方向和事业发展方向，就很难提升自己生活的品质。（当然，仅有自律是不够的。）

如果一个3岁的孩子，每次都是妈妈跟在后面收拾铺了一地的玩具，那么他上学以后，就不太容易做到先完成作业再去玩耍，上了初中、高中以后，也不太容易做到不消灭那些难题就不去娱乐和休息。于是在自律的训练上，由于父母的未能觉察，使他落后在了起跑线上，失去了日后面对乱麻一样的生活和问题时，快刀斩乱麻的最好培养机会。

于是,他可能成为一个起不来床、来不及吃早饭的学生,成为一个吃自助餐先吃冰激凌的年轻人,然后成为一个陷在生活的泥潭里拔不出腿的成年人,除非他自我觉察,奋力改变。

我敢打赌,一个年轻的妈妈,如果知道让孩子养成自己收拾玩具的意义是如此重大的话,她一定会拼命忍住自己分分钟就能收拾好玩具的冲动,温柔而坚定地反复提醒孩子,面对孩子的哭闹、耍赖和逃避不为所动,甚至给他小小的惩罚,去督促他、鼓励他捡起丢在地上的一件件玩具和图书,放回到收纳箱里,直到养成一种习惯。

人生成长的节点是如此重要,错过了,以后会付出加倍的代价去补偿,还不一定能取得同样的效果。

训练孩子的自律,作为孩子第一任老师的父母,责无旁贷。

除了幼年时的训练养成的那些自律习惯,自律,也需要对现实有清醒的认识,不抱有幻想。

人生问题重重,有问题是常态。问题,很少会自行消失。看上去自行"消失"了的一些"问题",多数只是其他问题造成的现象。其他的问题被解决了,现象也就不再存在。

同时,所有的问题,都是改变的机遇。优秀的人,借由解决问题的契机,让自己的心智得以不断成长。

而所有你逃避的问题,都会在你的心中留下一个又一个的暗坑,总有一天,你会无处可逃。

自律,让我们不给自己向内挖坑的机会,而是让我们奋力向外开凿出长长的人生隧道,让更多的光亮透进来,去积极拓展自己的心理舒适区。

自律,还意味着推迟满足感,需要一定的心理支持。有些难以自律的人,背后是有着深刻的心理原因的。

我喜欢的一本书《少有人走的路》中有段很有道理的话:"推迟满足感,意味着不贪图暂时的安逸,重新设置人生快乐与痛苦的次序:首先,面对问题并感受痛苦,然后,享受更大的快乐,这是唯一可行的生活方式。"

"自尊自爱的感觉,是自律的基础,自律的核心就是学习自我照顾,承认自我价值的重要性。"

这令我想起曾经看过的一部优秀的电影《心灵捕手》。一个年轻人威尔是个数学奇才,阅读能力和记忆力也超群。然而他是个在童年屡遭抛弃和虐待的孤儿,长大后以做清洁工为生,把自己的生活过得一塌糊涂,完全浪费了自己过人的天赋。因为他的心灵千疮百孔,当一个个好的机会摆在他的面前时,他总是下意识地逃避和破坏,潜意识里低下的自我价值感和严重缺失的安全感,令他觉得自己不配拥有好的人生,直到遇到了一个优秀的心理医生。

所以,童年时被疏于照顾、安全感缺失的孩子,总是不愿去推迟满足感,而是会选择透支当下的愉悦,因为他屡遭失望,所以不敢去希冀:只要耐心等待和持之以恒的努力,目标总会实现。

给到我们的孩子足够的呵护,令他有安全感和自尊,有较高的自我价值感,他才有心理能量去自律。

电影中,罗宾·威廉姆斯扮演的心理医生狠狠地全力拥抱着威尔,不断对他说:那不是你的错! 那不是你的错! 直到威尔放下了自己所有的防御,趴在他的肩头号啕大哭。当他从心里接受了自己悲惨的童年际遇,并正视它,心灵的创伤终于开始愈合。从此,他走向了一片光明的未来。

作为成年人的自己,如果是因为童年安全感的缺失以及自我价值感低下,始终无法自律,那么请每天拥抱我们"内在的孩子",去安抚他,觉察他,鼓励他:我配得上好的生活,因此我要足够努力!

除此之外,责任感是自律的另一条腿。

一个不负责任的人,无论是对自己还是对别人,很难是一个自律的人。而一个自律的人,能承受人生中的苦难,也能承担人生中的责任。

如果早上不得不送孩子上学,家长就不得不早起,也就不得不尽可能早睡。那些晚睡的家长,一定是不需要送孩子上学的家长。送孩子上学的责任,倒逼得我们作息时间要自律。

同样,如果我们尽可能让孩子承担一些与年龄相称的责任,那么自律对他们来说,将不是那么难。

我们常说:穷人的孩子早当家。穷人的孩子,过早地承担了家庭的责任,只有尽可能地约束自己,把自己的需求降到最低程度并耐心等待需求的被满足,只有自律,才能对抗生活的残酷,才能把家"当起来"。

自律与自由有什么关系呢?

自律,貌似是限制自己的自由,实际上是获得了更大的自由。当你不再需要垃圾食品,不再需要通过追剧刷屏,来缓解自己的压力,或转移自己对于未解决问题的关注,有没有一种"海阔天空任我行"的自由感觉?

不自律，貌似获得了更多的自由，其实却是对自由的放弃。

你猜：一个因为拖拖拉拉、没写完作业就上床睡觉的孩子，一个身患拖延症的员工，他们的心里是会觉得自由自在，还是焦虑和懊悔呢？

所以，没有自律，就没有自由。当然，连自由都没有的时候，就谈不上自律了，全部是"他律"，是来自外部的管制，"律不律"是由不得你的。这种感觉远远比不上自律给人带来的自尊和价值感。

有个朋友给我留言：高度的自律，会不会导致强迫症啊？那可就得不偿失了！

自律，是为了解决问题，获得成功，是一种带有强烈目的性、有回报期许的主动选择，并且有一定的弹性。

而强迫症，没有目的性，反而常常违背自己的意愿，去实施某种没有意义的想法和冲动（否则就焦虑不已），而不会期许他的这种想法和行为会带来什么回报。据说是跟内分泌或遗传因素有关。

比如，美剧《生活大爆炸》里的智商爆棚、情商低下的物理天才"谢耳朵"，每次敲门时都要把对方的名字重复三遍，否则就生不如死。这就完全不是自律。

自律与强迫症，看上去都有一套固定的行为模式，其实本质完全不同。长期的自律会形成一种习惯，但这是我们主动选择的结果，并且我们因之受益。偶尔的改变，并不会对我们造成极大的困扰，因此是有弹性的。如果不能坚持，则会前功尽弃。自律的养成很不容易，但是放弃自律却很容易。

我总觉得，怕把自己搞成强迫症，从而不去自律，像是在找借口。

就好像：

为了怕自己患上厌食症，而不去适度控制自己的饮食。

为了避免成为只会读书、考试的书呆子，而不去努力学习当学霸。

为了怕自己过于追逐名利迷失自己，而放弃努力。

我只能说：你想多了！因过于自律而患上强迫症，这样的例子似乎没有听说过。因不自律而毁掉自己的人生，这样的例子却满大街都是。

自律，是一个自我完善的过程，是为了更有意义的目标，而做出一定的取舍。

最近读了篇文章，文章的作者"自律"了一个月，严格进行时间管理：每天工作7～8个小时，健身加学英语，读自我提升的书，晚上11点睡觉，几乎戒了朋友圈，然后，她开始有了失眠和醒来什么都不想做的"抑郁"症状了。

我只能说，她错误地理解了自律的含义。自律，不是无故自虐。自律，是为了特定的目标，自愿地放弃一些东西，从而留出时间和精力，去赢得另一些你认为比放弃掉的远远更有价值的东西。

她的做法，其目的在于对时间进行有效管理，但是管理好了时间，为的是什么呢？有什么意义呢？如果不是为了去做自己真正喜欢的事（该文章的潜台词是，工作、健身、学英语、读书，都不是她喜欢的事，而只是"义务"），那么这种紧张的时间管理，则更像是一种"破坏性"的压力测试。

假如自律，不能让我们生活得更好，工作得更好，那一定是对自律的误读。

照这样的说法，天天顶着巨大压力分秒必争紧张学习的高三学生，大概都要集体抑郁了吧。但是，因为他们的目标感非常明确，知道这种自律的意义和回报是巨大的，反而会有从未有过的充实感。

在现行的教育体制下，如果说一个学生炼成学霸、"学神"的过程有什么价值的话，那么很大程度是在于尝到了自律所能带来的指哪儿打哪儿的"准头"和"甜头"吧。

这就叫作行动力，一种实现目标的能力。

想说：爱你，并不是很容易的事。

但是，自律，你绝对值得拥有！

13 备受赏识的孩子,你为什么还是不自信、不优秀?

作为嘉宾参加"青岛二中第二届家庭教育论坛"时,听到校长在上面慷慨激昂地讲:我们的孩子自信吗? 不自信! 年级前十名的孩子自信吗? 不一定! 第一名的孩子自信吗? 也不一定!

(这样学校的第一名,毫无疑问是相当有含金量的。这都不自信的话,试问后排的那些孩子情何以堪?! 这自尊,得低到尘土里了吧。我顿时走神儿了。)

校长是从我们的孩子没有被因材施教、优点没被充分发掘的角度去谈这个问题。孩子一犯错,家长就责怪,眼里写满了红色的"Stop!!"久而久之,孩子就不敢尝试了,于是变得畏头畏尾,缺乏自信。

我像蒲公英一样的思绪,"飘"到了另外一个问题上。都说好孩子是"夸"出来的,这是有道理的。问题的关键是,怎样"夸"才是有效的呢?

一

小花是个敏感的小女孩儿,进了一家不错的幼儿园。午饭时,老师总会对着最先把饭吃光的孩子竖起大拇指:"某某小朋友真棒,饭吃得这么快!"

吃饭有些慢的小花,努力地一口一口地加紧往嘴里扒饭,一段时间过去了,还是得不了第一。自尊心很强的小花干脆就不吃午饭了!

老师和妈妈都急了,这个倔小孩儿,怎么可以这样呢? 然而怎么哄也没有效果。于是,小花顶着"倔小孩儿,怪小孩儿"的帽子,度过了不吃午饭的幼儿园时代。

没有人知道,是因为老师对吃饭最快的第一名孩子的夸奖,造成了小花的不吃午饭。

那么老师有没有更好的处理方式呢? 可不可以把表扬第一名,改成表扬吃完了饭,能自己捡起掉在桌子上的饭粒儿放进自己的小碗里,再把小碗放到收集盆里的孩子呢?

或者是表扬吃饭时比较专注,不东张西望的孩子呢?

为了一个没有意义的目标(早几分钟吃完饭),早早地把三四岁的孩子们置身于竞争的压力之下,这有多大的必要呢?

儿子小的时候,所在的双语幼儿园常常邀请家长参加开放日。有一次,孩子们被分成几组，由外教带领，举行背单词竞赛。轮到一个女孩儿了，她没能说出图片上的水果英文叫什么，造成小组比赛失利，课间休息时遭到了同小组几个女孩儿的指责，哭了。

她的妈妈一边徒劳地安慰着她，一边努力强忍着不让自己在眼眶里打转的泪珠滑下来。

老师没有看到这一幕，因此我没有机会验证这家双语幼儿园是否真正有技术含量——处理问题时的指导思想。

偶尔小小地竞赛一下，对于幼儿园大班的孩子也无不可。但是怎样引导孩子看淡比赛的胜负，而重在体验学习英语的乐趣，并且对在比赛中不太有竞争力的"队友"抱持宽容态度呢？

这，是个常常被忽略的重要课题。

5岁的孩子们，对于赢得比赛，竟有如此的渴望。对于自己队伍里这个拖后腿的"失败者"（她只是年龄比其他孩子小了半年，其实还是个长得又漂亮又甜美的小娃娃），竟是如此毫不留情地嫌弃。何况是小学和中学的孩子呢？

人生，早早地已经被置于竞争的跑道上。

天真的孩子们，是整个社会急功近利心态的一面诚实的镜子。胜者为王，败者为寇的味道，我隐隐地嗅到了。

我后来非常庆幸自己没有头脑发热，把生于10月初的儿子，提前一年"塞进"小学。比同龄的大多数孩子大了几个月（根据8月31日的入学界限），使得他在大多数方面的能力发展还算在"竞争"中不落下风。面对现行的教育制度下残酷的竞争，这是一个家长对孩子最好的保护了。

上面那一幕，给我上了难忘的一课。

学校、家长以及全社会对于"成功者"和"第一名"的偏爱，以及他们一厢情愿想象出来的"激励"手段，使得"第一名们"不敢去轻易尝试新的东西，唯恐失败而毁掉了自己的完美形象。而对于在竞争中暂时失利的大批孩子的信心打击，就更不必说了。

这样的残酷竞争，没有胜利者。

二

大概很多人都听说过以下的这个实验。

一帮孩子被随机分成两组，实验人员告诉其中的一组：你们很聪明，很有天赋。而对另外一组孩子就什么都没说。后来，被夸奖为很有天赋的这组孩子，成绩都有了不同程度的提高。

这个实验说明：积极的心理暗示对于孩子的学习成绩的提升，是有效的，因为这激发了孩子的自信心。

还有另外一个更有趣的实验。

实验人员把一帮孩子随机分成两组，然后进行智商测试。

实验人员表扬其中的一组孩子：你们很聪明，很有天赋。

而鼓励另外一组孩子：你刚才一定非常努力，因此才取得了这么好的成绩！

而随着实验难度的加大，被鼓励为努力的一组，有90％的孩子选择了较难的任务，并且有不少孩子享受这个过程。被表扬为聪明的一组，则大部分选择了简单的任务，并认为失败是因为他们不够聪明。

可见：自认为聪明的孩子，往往不敢面对挑战。

第二个实验说明：表扬，或者说赏识孩子的智力因素，尽管一开始会给到孩子积极的心理暗示，提升了孩子的自信和学习成绩，但是对孩子的长足发展，可能反而起了束缚的作用。

三

所以，更好的方式是，着重于赏识孩子的非智力因素。

夸奖孩子努力用功，会给孩子一个可以自己掌控的感觉。孩子会认为，成功与否掌握在他们自己手中。反之，夸奖孩子聪明，就等于告诉他们成功不在自己的掌握之中。这样，当他们面对失败时，往往束手无策。

上周末在家吃饭，边吃边聊。

我随口问儿子："通常谁会赞扬你聪明呢？"

儿子想了一下："同学！"

"那么谁会赞扬你自律和努力呢？"我接着问。

儿子又想了一下："老师！"

"想过为什么吗？"（好不容易看到了问题的实质，我得有多大的意志力，才能按捺着不把答案脱口而出，而把这个思考的机会留给孩子？）

儿子放下了筷子，陷入了思考，然后说："也许同学这样说，是寻求一种心理上的平衡，自我暗示：成绩不如我，是因为智力因素，而不是努力不够，或自律不够。而老师希望让大家看到：不断努力和自律可以带来不错的成绩。"

我放下筷子，兴奋地跟他来了个 high five！同时，吞下了没说出的那句：你眼热那些年级"大神"的辉煌战果时，除了想到他们智力条件着实不错外，自然也不能忽略他们的自律和努力哦。

我觉得,他是能够推己及人的。

我又问:"那么我呢? 是会赞扬你的努力,还是你的聪明?"

"都有吧。"

唉,我果然还不够专业啊。早期想激发儿子的自信而常常不吝赞美的"你真聪明",早该及时地、全面地、理性地升级为对于他所付出的努力和自律的关注。

头脑聪明而不够努力的人生失败者,用火车拉都拉不完,一抓一大把。因为勤勤恳恳的耕耘,不是"聪明人"所为,对他们来说,太没有技术含量。他们常常会去寻找"捷径",否则是不足以体现他们的"聪明"之处的。

而智力并不过人,通过持之以恒、踏踏实实的努力,从而把某件事做好的人,才是人生的赢家。

新阶段的成长,从引导孩子看清自己是个有价值、有潜力的普通人(而不是聪明人)开始。

四

我给自己设立了一个新一年的小目标:如何在不夸奖孩子聪明的前提下,有效地激励孩子。

我能做到吗?

我花了一上午的时间,重读了《津巴多普通心理学》这本书里对于"激励机制"的论述。

激励这个概念,指的是经推测得来的(有没有效果,有多大程度的效果,都是基于推测,而很难量化),引导我们行为的过程。外部奖励常常被广泛地当作激励源,不过研究显示,外部奖励有时会压制内部激励,尤其是奖励与付出不对等时。

这里有个概念:过度合理化。举个例子来说明。

一帮熊孩子总在中午的时候在外面吵闹、玩耍,严重影响了一个老人的午休。老人想了一招,把孩子们召集了过来。

"孩子们,我太喜欢你们在我家外面玩了。因此我要奖励你们每人五角钱。"于是熊孩子们领了钱,欢天喜地地走了。

第二天中午,熊孩子们又来了。这次老人给了他们每人两角钱。孩子们不怎么高兴地走了。

第三天中午,老人只给了他们每人五分钱。熊孩子们恼火地说:"五分钱这么少,谁稀罕呢!以后我们再也不来玩儿了。"

于是,老人终于可以安静地午休了。

这就是过度合理化的过程:老人付出了与孩子们的"工作"不相称的酬劳后,孩子们丧失了"工作"的积极性。

所以对于孩子的物质奖励,是否要慎之又慎呢? 否则,一着不慎,很可能让本来对学习有着浓厚兴趣的孩子,把关注放到了奖励上。由于对奖励的刺激慢慢变得不再敏感,反而失去了学习的兴趣。

我亲眼所见,一个朋友每次在孩子考试前,都承诺这样或那样的物质奖励,跟儿子讨价还价,就差握个手,说声"成交"了,跟做生意一样一样的。最后,那个孩子成功地——丧失了学习的兴趣和动力。唉!

五

那么,精神奖励是否就能肆无忌惮地可劲用呢? 是否就可以不吝赞赏呢?

我曾经是这样以为的。但我近来发现这样做的诸多不利后果:

1. 赞赏可能会让被赞赏的人产生怀疑。

想想别人喊我们"美女"或"帅哥"时的感觉吧(除非你真的是少数货真价实的)。

2. 赞赏可能会带来压力,或引起焦虑。

领导说:干得不错,继续努力!

3. 赞赏可能会让我们关注到自己的弱项。

当同事赞扬:"你这件衣服很显瘦!"时,除非你的身材真的无可挑剔,否则有几个女人不会想到自己腰腹上的"救生圈"呢?

4. 赞赏可能会让我们感觉被控制。

妈妈对哥哥说:"真懂事,总是让着妹妹!"这简直是道德绑架。

有没有一种三观尽毁的感觉呢? 我们戴着善于"赏识"孩子的桂冠很多年了,却发现:孩子不仅不能随便批评,也是不能随便夸的。

如果孩子考试取得了好成绩,我们常常说的是:"我真为你感到骄傲!"

这与下面这句有什么不同呢?

"真了不起。你一定为你自己感到骄傲!"

是父母感到骄傲重要,还是孩子自己感到骄傲更重要呢? 这是父母的事,还是孩子的事? 答案一目了然。

如果不知道怎样去赞扬孩子义务以内的行为(即做了他该做的),可以参考心理学家的建议：这种情况下描述自己的感觉或者当时的状态，是最稳妥的，比如，我真高兴啊！至于为什么高兴，他心领神会。

以前在孩子成功地做好了一件事儿后，我会不假思索地对孩子说："我早就认为你能做到。"孩子的反应怪怪的，但我毫无觉察。顿悟：这赞赏的是自己的全知全能，还是孩子所付出的努力呢？

赞赏，从来不是一件简单粗暴的事！

按照上面的原则，我粗略地感觉了一下：我对于自己孩子的赞赏，大概有20％是没有必要付诸语言的，只需要微笑或眼神就可以；有20％是不当或不准确的；有30％是勉强可以说得过去的；只有30％大概是优质的。

当然，这种东西是无法准确计算的，但是我忙了那么多年，不想给自己一个不及格好嘛！

<h2 style="text-align:center">六</h2>

打鸡血，是否越往死里打，打得越多，就越管用呢？

《津巴多普通心理学》中阐述了一个"倒 U 型曲线"理论（就是把 U 倒过来看的意思），很能说明这个问题。

这个理论"描述了唤起和绩效之间的复杂关系。唤起水平的提高，一开始会提高绩效，但是一旦超过了最优水平，唤起水平的进一步提高会降低绩效，最优唤起水平到底有多高，这取决于任务的复杂性。"

我用更通俗的话翻译一遍吧：学生考试前适度紧张，比如 30％的紧张度，是有利于发挥出高水平的。但是如果超过临界点，压力过大，或过于焦虑，连正常的水平也发挥不出。

考试与体育比赛是不同的，要复杂得多。因此，我们就不能效仿奥运会上刘国梁冲张继科那样的吼：醒醒吧，这是奥运比赛！来照样子给孩子打一针鸡血。

应考如此，平时的学习也是如此。激励，最好不多也不少。少了，不足以保持鸡血的浓度，而多了，就营养中毒了。

家长是给个充满激情的 high five？还是来句深情的"我相信你！"还是什么都不说，就平静地来个内容丰富的、如同蒙娜丽莎般神秘的微笑？

度的掌握，始终是最大的学问之一。

做个合格的家长，一举一动，一言一行，得练，还得反复琢磨。要不说：人生如戏！原来是用在这里啊……

14　神奇的吵架，从"爆炒鸡丁"到"心灵鸡汤"

前几天坐动车，我早早到了候车厅。闲来无事，"偷听"了一场吵架。

"妈，同学约我明天晚上出去吃饭！"一个男孩儿的声音。

我悄悄瞥了一眼，是个高中生模样、十六七岁左右的大男孩儿，旁边坐着一位中年女性。

"不是两周前才聚过吗？明天晚上我们有家庭聚会，亲戚们要来，你又不是不知道！能不能跟同学商量改后天晚上。"

"上次的聚会，有些同学我没有见到。人家都定好了！我不想让别人为了我而打乱计划！家庭聚会错过一次有什么呢，都常常见面！"男孩儿的声音听上去有些气恼。

"计划，不就是用来打乱的吗？再说，他们定时间前，也没有提前问你呀。"妈妈淡淡地回答。

"我不管，反正我无论如何也要去！就告诉你一声而已！为什么每次都要听你的！老不让我去！"男孩儿提高了音量，情绪一下子变得激动了。

"哪次没让你去，你举例啊。"妈妈的音量也稍微有点提高，但语气很克制。

"嗯……反正有几次，有一次……我记不清了。"

男孩儿嘟囔了一句，气焰明显被压了下来，声音也变得平静了一些。

"我倒是记得，那个 XXX 的妈妈，因为他考试考砸了，有几次聚会，坚决不让他去，勒令他在家学习。其他的同学，也常常有因为家长不同意，或另有安排，参加不了聚会的。我们家已经是很宽松的了，对吧，因为相信你能自觉学习。"妈妈的声音真诚而坚定。

那个男孩儿不吱声了，大概是心里知道，妈妈说的是对的。孩子，too young 啊，吵个架也不把例子坐实，能有说服力？看看，开始处于下风了吧？我心里暗乐。

"你那么想去就去吧。但是，话我们可是要说清楚。我不喜欢你这样说话，说什么'就告诉我'一声。有本事，你连告诉也不用告诉啊。"妈妈发起了一场小小的进攻，声音虽然严肃了一点，仍然很冷静。

"那……我不是还得在家里住嘛。"男孩儿嘟囔着。

没说出来的半句，还有"得靠你们养活吧。"这孩子，还挺明白"人在屋檐下"的道理。经济没有独立，还有什么资格放狠话呢？这么明显的牌，为人父母的，不打白不打呀。让他看看,谁才是老板!

"其实吧,我也理解你,更喜欢跟同龄人在一起玩。我也是从你这个年龄长大的呢。"妈妈打了张叫"同理心"的好牌。

"你看吧,你一开始答应不就没事儿了吗?非逼我跟你吵一架!"男孩儿已经平静了下来,看上去是在埋怨妈妈多此一举,其实也在后悔自己有点口不择言。

"冲突不都是坏事儿,尤其是跟自己亲近的人。话越说越明,理越辩越清。与其把不满埋在心里,不如表达出来,及时解决。如果人和人的想法都一样,都能达成一致,那怎么还会有沟通、谈判、妥协这些词呢?"妈妈恢复了淡定、柔和的口气。

男孩儿一时没有说话,陷入了思考。

我不禁为妈妈的话暗暗鼓掌。看看人家,吵个架,也能吵到这么高的水准。

"你心里还有什么想不开的?都说出来吧。"妈妈问。

"唉!我想学习成绩更提高一些,将来上个好大学。"

这孩子!这不自投罗网吗?竟然主动提学习。

"我还想,最好天天跟同学聚会,天天玩儿!"男孩儿又说。

这孩子,这不做梦吗?转念一想,既想事业有成挣大钱,又想舒舒服服不用费力,成年人,又有多少人不是在做梦呢!那个妈妈会怎么说呢?我充满期待。

"不知足,这是个好事儿啊。不知足才能提高呢。"妈妈的声音里有了一点喜悦。

"想天天开'大趴',天天玩乐,那你就去做呗!"妈妈带着一点点善意的调侃。

"我知道这不可能,而且跟前一个目标冲突。"男孩儿叹了口气。

原来,也就是过过嘴瘾,解解压力啊。我心里乐了一下。

"其实吧,真让你天天玩,你就不觉得好玩了。娱乐,因为时间有限机会少,而且是埋头苦干后对自己的奖励,才显得有价值,而令人向往。"妈妈轻轻地说。

"如果让你选:做社交达人,人人都貌似喜欢你,谁玩都拉上你活跃气氛,但别人心里不见得尊重你;还是做个有原则,有实力,虽然不见得人见人爱,但大部分人心里都尊重你。你选哪个?"妈妈给出了道选择题。

我脑海里也自动搜索了一下朋友圈里那些爱要宝、可以活跃气氛但正事儿别指望的人。

"知道啦!知道啦!"男孩儿假装不耐烦地打断了妈妈的话,没有回答,却松了一口气,显然是明白了妈妈的用意。

真是打得一手好牌啊。我恨不得献上自己的膝盖。

"说到不知足，你知道哪些事儿上应该知足，哪些应该不知足呢？"妈妈又问。

男孩儿在思考。

"那些你可能通过努力改变的事儿，可以不知足，比如学习成绩。那些你不能改变的事儿，要知足，比如你的家庭、出身，你的相貌。眼睛不大什么的，也要接受、喜欢。那你说，身材是能改变的，还是不能呢？"

"我的眼睛小吗？小吗？你再看看！"男孩儿开始卖萌了，心情明显阴转晴。

"身高如果定型了，是不能改变的，而肚皮上的肥肉是可以改变的！"男孩儿开心了起来，拍了拍自己的肚子。

"你真会思考！"妈妈的声音充满了由衷的自豪。

"不知足，每天做到比昨天好一点，超越自己一点点，就好。暂时超越不了就争取做得跟昨天一样好。但是不必追求完美，以完美为目标。"妈妈又说。

"为啥？我们的生活不够完美，不是才应该去追求完美吗？"孩子不解地问。

"追求完美，会让人害怕犯错，不敢去尝试，而失去了提升自己的机会。也徒增了很多不必要的压力和焦虑。"妈妈的声音里多了一丝凝重和若有所思。

我在心里暗暗叹息。活了一把年纪了，这几年也才刚刚明白了这个道理。

"咦？怎么跟你一聊，觉得自己成长了不少呢？"男孩儿调皮地说。

"那可是。你妈我，一般人不轻易传授，你且乐吧，赚大便宜了！"妈妈轻轻地笑，心满意足。

广播检票。我磨蹭到最后一刻，恋恋不舍地向检票口奔去。

作为一个"偷听者"，在车上我总结了一下：

开始，母子俩儿一言不合，是吵架的节奏。但妈妈一看儿子意愿很强烈，并且要求也不过分，明智地及时做出了改变，满足了他对于自我意识的需求，并没有固执地与之一争短长，论个谁输谁赢。

答应是答应了，但是该说的话都要说到，有理有据，免得孩子日后不知轻重，不尊重家长，习惯性地擅做决定。并且，接着儿子的话头，进行了升华，引领了儿子反思。

关键是，妈妈的语气柔和而坚定自信，三下五除二，平复了儿子的情绪。该严肃时，也不咄咄逼人，而是点到为止，保全他的自尊，让他自己去反思。调侃而不嘲笑，传达善意，调整气氛，让沟通达到最好的效果。准确评价、适当赞美而不去讨好,鼓励儿子明确目标,做最好的自己。

因此,那些不带任何情绪或说教的话,没有引起儿子的反感,而是句句中的,深入人心。话里话外,并没有强调学习,但是,循循善诱,引导儿子自己得出结论,扫清了影响达成学习目标的障碍。

这究竟是怎么从一场有些火药味的"爆炒鸡丁",熬成了一锅"心灵鸡汤"的呢?神奇!

真是"天涯何处无榜样啊"。走,让我们吵一架去!

15　爱，不是愿望，不是牺牲

——读书笔记

几年前买了本书，读过几页后，觉得索然无味，遂束之高阁。最近随手翻阅，发现竟是一本好书，欲罢不能，一口气读完。觉得醍醐灌顶，脑袋里那些孤立的信息碎片，被联系了起来，编织成了一张大网。我把它抛向未知的领域，这片海，或者那片洋，开始能打捞上来一点"虾兵蟹将"，有了收获。

是我的认知水平提升了吗？或者是从"向外看"，转向了"向内看"？据说，以传播为目的的学习才会带来最大的收获，故分享读书笔记一篇。

书名:《少有人走的路》(*THE ROAD LESS TRAVELLED*)

作者:〔美〕斯科特·派克,托马斯·摩尔

职业:心理医生

一、关于"问题"(此处指 problem)

人生是一个面对问题并解决问题的过程。问题能启发我们的智慧，激发我们的勇气;问题是我们成功与失败的分水岭。

不是吗? 人生，是个不断选择的过程。而不管你作何选择，完美的、不带副作用的满分选择是不存在的，而总会有利有弊。那个"弊"，就是问题。因此，问题总会存在。

不婚有不婚的问题，婚姻有婚姻的问题。丁克有丁克的问题，养孩子有养孩子的问题。

关于养孩子的问题，可以说，孩子的成长史，就是一部"问题史"。过来人都懂。婴儿时期是从哭声判断何种需要的问题，然后是别人家的孩子能长篇大论了，自家娃还不会叫妈妈的问题。接下来就是家长如临大敌的择校、升学问题:先是幼儿园，然后是小学，初中，高中，大学。除此之外，并行的还有亲子关系、学习成绩、素质培养等各种五花八门的问题，以及不同的问题互相交织、派生出的问题。孩子长大离家了，当然又会有新的问题。不敢再往下说了，累!

因此，没错，人生是问题的叠加。

解决了问题，我们就从"看山不是山，看水不是水"的辨别、思考阶段，提升到了"看山还是山，看水还是水"的淡定、智慧的高境界。山，总是在那里；水，从未停息；问题，层出不穷。只是，我们拥有了平常心，因此，面对问题，我们的感受有了不同，不再焦虑，而只专注于问题的解决。

规避问题和逃避痛苦的趋向，是人类心理疾病的根源。人生的问题和痛苦，具有非凡的价值。

读到这里，心里好受多了。原来，直面问题和痛苦，是有回报、有意义的，也是别无选择的。而逃避，只能走向更多问题的深渊。

此刻觉得：面对问题的勇气，就像一面绚丽的旗帜，从心底徐徐升起。

二、自律，是解决人生问题的首要工具，也是消除人生痛苦的重要手段

换句话说，很多心理不健康的人，是因为不能自律。以前，我只是简单地把自律理解为"应有的自我约束"，却没有想到它的作用是如此的巨大。该书作者认为自律包括以下几个方面：

推迟满足感：不贪图暂时的安逸，重新设置人生快乐与痛苦的次序。首先，面对问题并感受痛苦，然后，解决问题并享受更大的快乐，这是唯一可行的生活方式。

承担责任：正确评估自己的角色，判定该为何人、何事负责。

尊重事实：世界是变化的，我们对世界的认知也应该及时调整，并时时反省自己的内心，尽管有痛苦，但会带来成长。

保持平衡：建立弹性的约束机制，既要承担责任，也要拒绝不该承担的责任。选择合适的时机和场合，恰当地表达生气的情绪，才有利于保持心理健康。

作者把责任感、自省能力和保持心理平衡的能力也归纳到"自律"的范畴，这合理吗？反过来看呢？如果一个人没有责任感、不能自省，可以认定是不自律吧，那么确实是可以这样归类的。

至于"不会拒绝不该承担的责任"呢？

联想到某个朋友，谁给她的工作都不好意思拒绝，而真正应该是她职责范围内的工作，却无法做好，因为人的时间和精力是有限的，所以才要在工作中分清职责。是的，既然不能尽责，那也是不自律。正确的分类！

不自律给人带来的痛苦是显而易见的。拖延症"患者"，总是把容易的工作先做完，对于棘手的工作，尽管承受巨大的压力和焦虑，也总是在最后一天的最后时刻,才能完成。

不自律的学生,不肯把娱乐放在学习任务完成之后,非要先行享受,然后在考试前,临时抱佛脚。这就是所谓的"不用功","被动学习",因此,成了学渣,或问题孩子。

其实以上还都好理解,但是是什么导致有些孩子的不自律呢? 我们很容易想到的是:家长的溺爱。可是该书作者说:

缺少自律的孩子,未必是因为父母管教不严,不少孩子甚至经常遭受严厉的体罚。

这可有些不好理解了,不是说"孩子不打不成器"吗? 继续往下读。

体罚,本质上不是教育,而是发泄怨气和不满。

哦,有道理,可以惩罚,但不要体罚。甚至惩罚也只能偶尔用之,还有其他更好的方式,去让孩子改正自己的错误。

自尊自爱的感觉,是自律的基础。自律的原动力,是爱。

又是爱! 爱,难道真是放之四海而皆准、化腐朽为神奇的神器吗? 往下读。

真正爱孩子的父母,通常会毫不吝啬地付出时间,去陪伴孩子,了解孩子,而不是仅仅停留在口头上,以使孩子感受到被重视,获得了安全感,有了自我价值。

原来是这样,爱,让孩子获得安全感、价值感,也就获得了自律的精神力量。所以,爱,是源泉。

三、爱

爱,是这样一个被频频使用的字眼,然而我们又了解多少呢?

真正意义上的爱,既是爱自己,也是爱他人。爱可以使自我和他人感觉到进步,我们推动他人心智的成熟,自己的心智也不会停滞不前。我们强化自身成长的力量,才能成为他人力量的源泉。

自己一文不名,怎么对别人慷慨大方? 自己连斗室都没有,怎么给别人遮风避雨? 所以,不爱自己的人,是不可能爱别人的。爱任何人之前,先要爱自己,即认为自己配得上好的东西,自己是有价值的。先给自己的心灵爱的滋养,让自己充满爱,才能把爱给到别人。

爱的愿望，不等于爱的行动。真正的爱是行动，是一种客观存在。你认为自己爱他人却没有躬身实践，就等于从未爱过。

所以，如果父母总是缺席了孩子成长的那些重要节点，却对孩子说："我是爱你的，但我没有时间陪你，我的工作实在太忙了。"

其实，那只是一种爱的感觉和想象，并不是真正的爱。父母只是一个角色，缺了对孩子的真爱，只会是个蹩脚的演员，而无法淋漓尽致地演绎好这个角色的内涵。

在恋爱中，如果有人对你说："我是爱你的，只是我不会表达。"好吧，不会用语言表达，可以理解，这叫含蓄，但是连行动也没有的话，就可以礼貌地请他滚了。他说的爱，只是一种缥缈的感觉。

仅仅把得到别人的爱当成最高目标，你就不可能获得成功。想让别人真正爱你，恐怕只有让自己成为值得爱的人。

你若盛开，蝴蝶自来。越视为目标，刻意追逐的，越得不到，比如金钱，它只是成功带来的附加产品；比如好的学习成绩，它是自律结出的累累果实。而来自别人的爱，是我们自己值得爱的结果，不是我们追求的目标。所以，要想得到来自别人的爱，必先成就自己。

通常，老师和家长们说服中学生先不要谈恋爱时，凡是用到这一招的，还是会有些作用的，于情于理，都说得通。

过分的依赖感与爱无关，只是寄生心理，没有别人就无法生存。过分依赖的一个重要特征，是他（她）既不关心自己心智的成熟，也不关心对方心智的成熟。真正的爱的本质之一，就是希望对方拥有独立自主的人格。

所以，再有人对你说：没有你，我活不下去！如果他是认真的，那么这不是真正的爱，而是以爱之名的沉重的负担。你可以选择去背负，但必须要明白，这不是真爱，而是个负担，不是甜蜜的，而是苦涩的。你真的需要这么做吗？

舒婷在《致橡树》里写道：

> 我如果爱你，
> 绝不像攀援的凌霄花，
> ……

我必须是你近旁的一株木棉，

作为树的形象和你站在一起。

这，确实描述的是心灵和人格都平等的真爱，因此得到流传，至今不能被超越。鉴定完毕。

爱是一种极为复杂的行为，不仅需要用心，更需要用脑。越俎代庖地去照顾有能力照顾自己的人，只会使对方产生更大的依赖性，这就是对爱的滥用。爱，绝不是无原则的接受，也包括必要的冲突、果断的拒绝、严厉的批评。

所以，对孩子的百依百顺，那不是爱。在英文里，"溺爱"和"爱"是两个完全不同的词，而在汉语里，却常常给人造成错觉，认为"溺爱"也是一种爱。

我百度了一下"溺爱"的意思：

是照顾者和儿童之间关系的一种特征。此时照顾者（通常是母亲）庇护孩子，同时也妨碍孩子试图做出独立行动的任何努力。

为什么"通常是母亲"？偏见！好吧，先不管这个。与其说是妈妈溺爱孩子，倒不如说是，妈妈无法在感情上跟孩子分离，而依赖于孩子，离不开孩子。不是吗？

另外，跟孩子之间的冲突、拒绝与批评，固然不等于不爱，但是一定要理性，并且以让他成长为出发点，而不是情绪的宣泄，更不是让他屈服，或者打败他。

一厢情愿的自我牺牲，不是真正的爱……我们爱自己的孩子，在于我们渴望成为充满爱心的父母。真正的爱，在本质上是一种自我扩充，而非纯粹的自我牺牲。它能使自我更完善。爱——永远追求心智的成熟，除此之外，都不是真正的爱。

与其说"爱孩子"，不如说这种爱源于"我们爱自己"。所以，一味的自我牺牲无法让孩子感觉到爱。孩子感觉到的只会是巨大的压力和负疚感，为了避免窒息，能做的选择恐怕只有逃离。

因此，告诉孩子：做你的妈妈我很高兴，很有福，我的人生更圆满，这才是明智之举。父母感恩孩子，感恩生活，会让孩子自然而然地学会感恩父母。不用说教，就这么简单。

我们爱某个人，一定会关注对方，进而帮助对方成长。想让别人听你的话，就要采用对方能理解的语言，想让别人满足你的要求，你的要求就不要超过对方承受的限度,想让对方有所进步,就先要进行自我完善,这样才能找到沟通的最佳契机和方式……

事实上,不少父母、老师或上司做决定时,并未考虑到自身完善的状况,也没有足够的爱心,所以他们的努力是徒劳的,甚至导致消极的后果。真正以爱为出发点的人,总是致力于自我完善,让自己具备起码的道德和智慧,然后才会行使批评权。

这段话有些长,但是太有价值了,很好地诠释了为什么孩子常常不接受父母和老师的批评,重要的原因之一是"你们自己都做得不好,凭什么来要求我?"这是父母和老师即使运用自己的权威,也无法压服孩子的。

另一个原因是,孩子如果感觉到强烈的指责语气,那么他只会忙着自我辩护,也就是俗称的"找借口",而不会关注错误本身。

所以,行使批评权,应该很慎重,并且要很小心地控制批评者的语气,因为这涉及:批评的本意是在发泄批评者自己的愤怒情绪,还是真正在为被批评者的利益和发展考虑。

因此,有效的批评会让孩子的成长起到质的飞跃,而无效的批评只能加大双方的对立,甚至造成敌意。

(该书还有其他内容,不是我此刻关注的焦点,就不在本文中啰唆了。)

这本书,就像一面照妖镜,照出了我心里那些以爱之名、实则是自己放不下的丝丝缕缕。又像一台高压清洗机,把我蒙尘的心灵洗涤得如水晶般晶莹剔透,如钻石般光芒四射。欣慰的是,我的"病情"不算严重,总体还能及格,看上去可以通过自己的不断反省和调整来逐步治愈自己的"心病"。

否则的话,心理医生的收费可太贵了。据说在青岛这样的城市,一个比较有名的心理医生,一个小时的收费竟然是800元,这样算起来,一周两次的话,就是1600元。较轻的病,也得三个月吧,重的就会几年,治好的还是少数,即使是治好了,也经常会反复。

这笔账,自己算吧。

怪不得有个心理专家在学校演讲时,语重心长地对家长说:你可以不学习任何东西,但你需要学习如何不制造孩子的心理疾病!

这句话真是掷地有声,声声砸坑啊。

从这个方面来说,知识就是金钱。走,让我们学习去!

16 "小"的投入，带来"大"的回报

朋友安琪的老公在外地工作，因此，教育孩子的重担更多地落在了她的身上，却常常被她化解于无形之中。我常常调侃她，明明是个能干的职业女性，却偏偏隐藏起自己的锋芒，"居心叵测"地在儿子的面前扮演"弱者"。

从儿子上小学开始，安琪的智商和情商就开始"双降"，时不时做出愁眉苦脸的样子，跟儿子求助："今天又遇到事儿了，快帮帮我吧。"儿子总是兴奋地瞪起眼睛来，大包大揽："有事儿告诉我，我帮你出主意！"安琪说，就享受看儿子那种很"爷儿们"、想"罩着"妈妈的小样儿，这可比在班里考个第一名更重要。

安琪向儿子"求助"的问题五花八门，涉及各种情境，比如：

——在小区被别人占了车位，是占路把那辆车堵死在里面，还是占用无辜第三者的车位，还是在一旁耐心等待，叫保安来解决？

——公司的同事不合作，是劈头盖脸地臭骂他一顿，还是有更好的方法？

——长辈们包办代替的太多了，怎么跟他们说，才会既不伤他们的自尊，又划定了自己的边界？

——旅行的时候，是多花点钱订直达航班，还是省点钱订中转的航班？

……

就这样，通过一点点具体的小事儿，安琪给儿子打开了一扇窗，让他无形中学到了在学校和书本里都学不到的东西，那就是，与人相处的原则，和跟人沟通的方法。同时，也慢慢把儿子打造成了一个有责任感、理性的少年。

两年前，安琪的公司真的"遇上事儿"了，被一家合作不短的外省工厂欠款十几万，对方明明已经没有履约能力，却收了定金，迟迟不发货。安琪一查，发现对方已濒临破产，且债主众多，也没有什么可清算的账面资产了。再加上对方老板身患绝症一直在治疗，估计法院也拿他无可奈何。安琪思忖再三，如果去起诉他，拿不回一分钱不说，还要再投入，同时，也会失去协商的余地。于是，她打定主意不起诉，告诉对方，希望他先养好身体，等资金宽裕的时候，能还上这笔钱，双方仍可继续合作。

法律，常常是多么无奈，合法的权利都保护不了。人性，又是多么复杂，在利益的面前，可以牺牲信誉和道义。安琪没有恶语相向，给对方保留了尊严，也

没有掐断合作的可能，希望能唤回对方心里的良善。

两年后，安琪又与对方取得了联系。对方再三道歉，感念于安琪的体谅，说：自己跟其他人合伙又另外搞了个小厂，希望还能合作。双方经讨论，确定了一个分三个订单抵回欠款的方案，既可以给对方带来一些业务，又能逐步解决之前的问题。

第一个订单生产完了，安琪派人验收了货品。其实安琪并不需要这三个订单项下的货物，因为这类产品的利润已经很低，而且竞争相当激烈，只是需求量还比较大。如果不是为了解决遗留问题，安琪本不想涉足的。她想，即使没有利润，只要能抵回欠款，也是好的。按照约定，安琪的公司应该扣除1/3的欠款5万元，再把这个订单的余款付给对方。安琪犹豫了，现在是个机会，可以一次性地把全部十几万的欠款扣除，只需要把余款付给对方就可以了，也不必再操心其余两个订单了。尽管这不符合双方此次合同的约定，但这本来就是对方有意违约在先。

安琪正在跟我讨论这件事儿，她刚升入高中的儿子走了过来，跟我打招呼。

安琪灵光一闪："帅哥，来，帮我出个主意呗！"

"帅哥"一听，存在感油然而生，欣然坐了过来，竖起了耳朵。

安琪把来龙去脉跟儿子说了一番，又把自己的想法告诉了儿子。

"帅哥"带着被人信任的小兴奋，歪着头考虑了一会儿，问："那，如果你擅自把原来的欠款都给扣掉了，在法律上能站得住吗？"

哟，这小伙儿行啊。我心里暗乐。

安琪认真地回答了儿子的问题："单对这个合同而言，是独立于以前那个合同的，我没有权利这么做。"

"那他有权起诉你咯。"

"嗯，理论上是这样。"

他儿子又皱着眉头想了一下，说："我认为你不应该那么做，原因有三点：

(1)我们刚才说了，他有权起诉你，尽管对他也比较麻烦，但对你是个隐患。你用一个新的问题，解决了旧的问题。这不是好的解决问题的方式。

(2)即使他先做错了，但你们已经重新做了约定。即使不管法律上的事儿，你也是说话不算话了，对吧？咱不能跟人比烂吧。

(3)你一次性扣了他那么多的钱，也许会给他们的经营造成困难。他还是个病人，以我对你的了解，你会心不安的。是吧？"

这孩子有理有据的分析，和他初具规模的法律意识，让我口服心服，而跟妈妈的默契互动，也让我充满了羡慕。

安琪的脸上毫不掩饰地散发着一个妈妈最高级别的骄傲。她激动地抓住了儿子的肩膀，欣喜地说："你把我说服了！就按你说的办！"

自豪的笑容就像花儿一样，在"帅哥"的脸上绽放了。他大概自己也没有想到，当被妈妈当成了可以信赖的人，给予了那么大的尊重时，竟然能分析得如此入情入理，并最终促成了妈妈最后的决定。

后来听说，安琪公司的欠款已经全部解决了，那些她原本不愿涉足的产品，也歪打正着，打开了一些销售渠道。母子俩因为做出了这个选择，都很开心。

安琪没有狭隘地定义学习的概念，也从未逼迫儿子去参加任何课外补习班，甚至从未要求儿子学习方面要考到多少名以内。她只是没有把儿子当成什么都不懂的"小屁孩儿"，而有选择地把工作和生活中遇到的一些问题与儿子共同讨论，并让儿子参与解决问题的过程。这样，既让他获得了对一些现实问题的"免疫力"，也培养了他解决问题的能力。同时，比同龄人更多地看到了在社会上生存的压力后，儿子也有了一点危机意识，自然知道努力，学习成绩一直不错，基本不需要家长过问。

"家庭教育"这个词，是否带有了太多居高临下、不容置疑的权威味道？它本可以更加自然而不着痕迹，而不用严阵以待，剑拔弩张。我喜欢对"教育"的如此描述：它是一棵树摇动另一棵树，一朵云推动另一朵云，一个灵魂唤醒另一个灵魂。

在不经意间，通过生活中点点滴滴不起眼的小事，就把思维给启发了，把潜力给唤醒了。成就的不仅仅是孩子，更是父母自己。这是多么超值的回报啊。

17 假装看不懂

　　一篇 N 年以前在纸质媒体上读到的文章,最近又被某公众号翻新了出来:年迈的爸爸坐在树下,指着树上的乌鸦,问已经成年的儿子:"那是什么?"儿子说:"那是乌鸦。"爸爸反复问了好几遍,儿子反复回答了好几遍,直至耐心消磨殆尽。然后失落的爸爸步履蹒跚地回到屋里,翻出了以前自己写的日记:儿子小的时候,指着树上的乌鸦,反复问了老爸 20 几遍:那是什么。而当年的老爸,满怀爱意地每次都给予了耐心回答。成年的儿子读到这里,愧疚地低下了头(流没流泪忘掉了)。

　　读完了我就想问:有这样玩儿子的老爸吗? 难道这位老爸得了阿茨海默症? 一个二三岁的小孩子,即使充满了好奇心,也不至于问 20 几遍吧? 我们都是养过孩子的好不好,除非是个弱智儿童。否则,年轻的老爸会那么有耐心? 我们都知道,老爸们年轻时都是什么德行的好不好? 莫非这篇文章是关于一个患了阿茨海默症的老爸和成年弱智儿子之间的故事? 更让我受不了的是,过了一段时间,又读到了另一个公众号刊登的同一个故事,不同的是,老爸给换成了老妈,乌鸦给换成了麻雀,儿子则仍然是儿子(可见,闺女还是比较贴心的)。请原谅我的吐槽,那些被感动的读者。

　　父母对孩子的爱和耐心,当然与孩子对父母的不对等。这有什么好比较的呢? 孩子牙牙学语后,爸爸妈妈们为了跟宝贝交流,基本都秒变为"低龄儿童"。尤其对我们这种孩子说话晚的家长来说,宝贝会说完整的句子,就已经够惊喜的了,说什么根本不重要,重要的是听到那稚嫩的、奶声奶气的童音,流连在那双纯净明亮、充满好奇的眼睛里。其中的童趣妙不可言。

　　换了我,如果我爸或我妈连问我几遍:那是什么? 我开始也会比较耐心,连着来三遍后,也会失去耐心。而再重复下去,恐怕就要哭了,因为这可大事不妙了。但是,如果是反复教他们学习用电脑,抢红包,晒照片,发信息,我是有耐心的,因为他们确实不是故意考验我的耐心来证明我对他们的爱。假如谁家年老的父母真的无法自理了,那儿女将不得不去承担这个命运,这是因为责任感,获得的是心灵的安宁。这有啥可比性? 为什么总要让当孩子的感觉愧疚呢? 人类的爱都是向下走的,我们的祖辈、父母曾经如此,我们的孩子将来也会如此。

　　媒体是最善于琢磨读者口味的,因为这直接关系到经济利益。因此读者喜欢吃什么,就喂什么,营不营养的谁在乎呢? 点击量才是硬道理。即使是各种大咖，每次写的或讲的东西就那么有价值吗？难道就没拿企业的赞助？拿了赞助，在倡导的理念方面就不会受到影响，有失偏颇？

同时我相信，总有坚守自己信念的专家或大咖，会忠于自己的内心，保持专业水准，来说一些、写一些自己相信的东西，并且视商业赞助为粪土。假如是自然科学方面的，我没有权利评论。但假如是关系到人文科学的，还真的不好说了，人性是极其复杂多变的，而人与人的关系则是最纠缠不清、神秘莫测的，更带有强烈的时代色彩，会受到大环境的严重影响。

没有人能掌握所有的真相，而往往只能看到一小部分，很多专家也不过大多数时候比普通人看到的多一些、深一些吧。并且他们并不是任何时候都有时间和心情，去细细打磨、反复修改、去沉淀自己写的文章，因此，也并非每篇文章都足以360度无死角地体现他们精华的思想，所以也要辩证地看。估计有些专家再回头看看自己写的某篇文章，会有种想抽自己耳光的冲动吧。

比如我在某专家的公众号上，读到了他与自己不同年龄段的孩子互动的一些故事。

两岁的孩子碰到桌子角，哭了。爸爸竟然会这样引导儿子，说把桌子撞疼了，要儿子向桌子道歉，并且孩子"自此就学会了责任和担当"。我相信，假如这位爸爸换个时间，再回头细细读一下，应该会换掉这个例子的。先不说一个有高级生命的人要向一个没生命的物件道歉是否奇怪（那我们每天都踩在大地上，是否我们要天天向大地道歉呢？这样的话，孩子的认知就混乱了），孩子撞疼了，哭是正常的，寻求安慰更是再自然不过的了。难道孩子躲在角落，一个人拼命忍住疼，把眼泪憋回去，就是正常的了吗？除了在孤儿院里，我想不出其他的场景，除非是想培养出一个铁石心肠的孩子，哪管他心理健不健康。

所以，当爸妈的，正常的反应是揽过孩子，亲亲他撞疼的前额，同情地说："爸爸（妈妈）知道你好疼。下次要小心哦。"不就行了吗？难道这样孩子就少了担当？

文中另一则极端的故事是，孩子痴迷于电脑，无心学习，爸爸就鼓励他把电脑砸了，从此懂得了"原则"。被喜欢的那个东西，比如电脑，本身并没有错，只是个工具，错的是当事人的"痴迷"态度。就像金钱本身不是罪恶的，而为了金钱不择手段才是罪恶的，道理一样。这个例子，跟"原则"有关吗？

里面还有一两个故事，也是不能苟同。

不过，其中确有几个精彩的故事，我很赞赏，因为那个爸爸靠的不是单纯的说教，而是把身子放低到孩子的高度，用实实在在的具体行动来抽丝剥茧，向孩子耐心解读抽象的人生道理,最后顺势升华,让孩子便于理解,印象深刻,实在是践行家庭教育的范本。

可是如果哪个家长,把全部故事拿来效仿,我想,就悲剧了吧。

懂得了这些,是否能够抗些忽悠? 最不淡定的一群人,大概是独生子女们的爸爸、妈妈。"望子成龙"这个成语就很经不住推敲,充满讽刺意味,因为"龙"是不存在的,难道要让孩子成为一个不存在的什么象征吗?"真龙天子"倒是有过很多年的,可是为了成"龙",历代皇帝都是不择手段的。并且皇帝在 100 多年前就已经不存在了。还是与时俱进,"望子成人"吧,而成人,没有多么复杂和高深,按照时节该干啥干啥,遵循成长的规律,给予合理的期望,就好了。

所以,再读到一些高考状元或高中"学神"的经验介绍,我就不那么狂热了。没有什么独门秘籍,道理都摆在那里,比如要从学习中获得求知的乐趣;要学会深度思考;要有高度的自律。

但这些是方法吗? 我认为它们是一种结果,可能有的是源于孩子的天赋,但更多的是源于父母的循循善诱、经多年培养而习得,以及父母对孩子内驱力的唤醒。内驱力的来源可能各不相同:从小具有持久的远大志向、对目标的极度渴望能唤醒它;而某方面的深度自卑或欠缺,比如家境贫寒受人歧视,或人际交往低能被排斥,使得个体迫切地想证明自己的价值或改变现状,也能唤醒它。不去研究来源,就不知道怎样去践行。

这就是为什么我们会感觉到:别人的成功是不可复制的。其实成功可以复制,只是我们不知道那些关键的代码,而且我们错过了关键的时间节点。

不是告诉孩子:你要深度思考,他就能深度思考了。怎样才能深下去呢?比如潜水不仅要有技巧,还与一个人的肺活量有关吧。更重要的是,他还要不怕水,还要热爱大海,喜欢探索大自然。有了这些,他会不断精进潜水的技巧,不断训练自己的肺活量。这跟孩子深度思考能力的培养,是一个道理。

现在的这个世界,有很多是我们看不懂的。钱包被忽悠,情怀被忽悠,损失点钱财和时间,浪费点眼泪,就认了。时时刻刻地设防毕竟很累,有时候我们也愿意让自己单纯点,刺激一下日趋麻木的心灵,被"鸡汤"淋一会儿。

但我们做人的那些原则,以及价值观、家庭观、教育观等,是我们视若珍宝的,因为它们会影响到我们爱的,和爱我们的。必须精挑细挑,反复论证,既要通得过我们大脑的逻辑分析,同时也要是心之所向,并与灵魂契合。只有这样的原则和观念,才值得我们顶在头上,让它照亮我们的人生路。

18 接纳孩子的个性

——在"青岛二中第二届家庭教育论坛"的发言

（2016 年 12 月 18 日，作为圆桌论坛的嘉宾，我受邀参加了"青岛二中第二届家庭教育论坛"。下面是我为充分领悟本次论坛的宗旨事先写好的一篇文章，并在活动结束后略做了修改。）

个性是什么？

——个性也可以称为性格，人格，是指具有一定倾向性的各种心理品质的总和。

——个性，既带有深深的遗传色彩，也深受家庭环境的影响。童年是个性养成的重要时期。

——个性并非一成不变，是可以发展的。

孩子未来的发展包括哪些方面？

为人父母都希望孩子有这样一个未来：事业有成，婚姻幸福。但其实这并没有统一的标准。

怎么样的事业算"有成"？升到了什么职位？拥有多少财产？具有什么样的社会影响力？

什么样的婚姻和家庭算是幸福的？高学历，高收入，高修养，不一定就能保证拥有幸福的婚姻、家庭。

但是，对自己的发展比较满意的人，除了满足上面两个条件，或更多的具体条件，都有一个特点：

拥有终生学习和不断成长的能力。

唯此，方能不断地突破自己的各种局限，提升自己的眼界，让自己的人生拥有更多的精彩和可能性，而不是一眼就能看到头。

第一，唯有对个性抱着接纳的心态，才能更好地发展它，完善它。

我小的时候，是一个明显情感内倾的人。我们这一代人的家长大概有很多人会认为：内向是不好的，外向是好的，因为外向能帮助你取得成功，在工作单位和社会交往中更受欢迎。

家长对外向孩子的这种偏好，不但没有让青少年时期的我朝着情感外倾的方向偏移一点点，反而让我把自己的情感紧紧地包裹了起来，并且激发了逆反心理。这种平时被包裹起来的逆反心理，有时会以一种不恰当的方式表现出来，于是我成了家长眼中性格有些孤僻、古怪的孩子。

另一方面，内倾的我有着强烈的内驱力，想要证明自己的价值，再加上做事比较有条理并且注重细节，因此我的学习成绩还不错。

但很长时间以来，我都不太善于，也没有意愿表达自己内心的感觉。虽然在别人看来，我发展得还不错，但我的自我价值感一直都不高，活得并不快乐，更谈不上去突破自己的各种局限了。

直到我遇见了那个无条件接受我个性的人，那个之所以爱我，是因为我就是我的人。他不要求我改变自己的个性。

但实际上，我却自动改变了很多。虽然情感内倾的本质没有改变，但是向外偏移了不少。

我对同事、朋友、家人，有了更多的同理心，也更加善于跟别人交流和沟通了。我感觉自己的生活质量和工作质量，都有了不少提高，并且也能尝试着去创造性地解决遇到的问题。

我找到了我自己。

所以，我希望自己的孩子，也接纳、喜欢自己的个性，当然，作为家长的我，首先是要接纳他的个性。无论他有怎样的个性，我都爱他，欣赏他。

但是，这不说明就完全听之任之，让他的个性体系野蛮生长。

我的孩子可能也有点情感内倾。这样的孩子，有时会过于在乎别人的看法，以至于表现得不够自信。

所以，在他有意愿当众表达但是犹犹豫豫的时候，要轻轻地推他一把。但没有意愿、引导无效的时候，绝不勉强他。

一旦遇到重要的节点，要帮助孩子做好充分的准备，让他有个好的体验，形成正面的反馈和积极的心理暗示，以便他能自我成长。

偶尔的结果不太理想，也帮他坦然去接受，当成一种必要的磨炼。

第二，外部力量无法从本质上去优化孩子的个性。唯有孩子内在的觉醒，才能使个性得以发展和完善。

虽然个性有鲜明的或不鲜明之分，有外倾或内倾之分，有情感型或理智型之分，等等，但没有哪种个性的组合是完美的，所以没有好坏之分。任何一种个性组合，既有助力这个人发展的方面，也有制约他发展的方面。

自律的人，往往缺乏宽容；宽容的人，往往缺乏进取心；有强烈进取心的人，可能会忽略别人的感受，缺少同理心……

能不能像修剪一棵植物一样，去修剪孩子的个性呢？把有用的、好的留下来，把没用的、坏的剪掉。

先不说在技术上是否有可操作性。什么是好的，有用的个性呢？是外倾，还是内倾？是理智型，还是情感型？是顺从型，还是反抗型？是逻辑思维能力强的，还是形象思维能力强的？所以很难做出判断。

硬要修剪孩子的个性是得不偿失的。来自外部的不接纳、压制，或者硬要改变一个人的个性本质（比如非让一个内倾的孩子变得外倾），会使一个人活得很拧巴，要么会使他非常反叛，要么会使他丧失了生命的活力。但是，在孩子的成长过程中，如果他能自我觉察，自发地去完善、调整自己的个性，常常能取得更好的效果，并且不会给他的成长带来副作用。

家长可以引导孩子改变的，是他的行为模式、思维方式、价值观以及兴趣等，而这些都会有助于促成孩子去自我觉察，自我成长。

比如，让孩子学会感恩，学会从付出中得到快乐。

怎么能做到呢？不是经常跟孩子唠叨：孩子，妈妈养你这么大不容易，你要感恩。他就感恩了。

我一直认为：能做我孩子的妈妈，是一种缘，是幸运的，有福的。因此，我会在自己的文章中直言不讳地跟孩子"示爱"，去表达这种感觉。作为妈妈，我从未觉得自己含辛茹苦,而是乐在其中。

因为我陪伴孩子一起成长的同时,自己又成长了一次。我对孩子个性的接纳,以及从小建立的良好亲子关系,其实是我内心里的渴望:自己在童年、青少年时期能够被如此对待。从这个角度来看,确实要感谢自己的孩子。

通过给孩子这种具体的爱,不仅修复了自己童年、青少年时个性不被认同的缺憾,也自然地让孩子学会了感恩。他会常常去看你为他做出努力的那些方面,会感谢你的付出,说声"谢谢",并接受了你有局限性的这一事实,对于你做不好的方面也会体谅。

这可能就是为什么有的孩子懂事儿、有的孩子不懂事儿的原因吧。

如何激发孩子的内驱力,唤醒他内心的觉醒?

1.除了好的示范,可能家长有些方面有意识的退后,更会促进孩子的成长。

举个例子:孩子小时候自己过马路很鲁莽,尤其是天黑的时候。我很担心,于是有一天,跟他走路时对他说:妈妈的眼睛到了晚上不太好用,看不清楚路况,所以都指望你啦!于是,孩子就养成了过马路时,仔细观察路况的习惯。

我学得不好的科目,孩子反而有意识地去学得很好。我没有方向感,外出旅游的时候,都是孩子举着地图带路。他觉得自己很有成就感。

大概一个孩子的责任感和内驱力就是这样被激发的。每个孩子都希望得到家长的认同,都希望家长为他骄傲,尽管你并未对他提出这个要求。

2.学习解决问题的过程,是非常有价值的体验,能激发出更多的内在力量。

从孩子小的时候,我就常常跟孩子分享和讨论自己工作和生活中遇到的一些问题。

一方面是告诉他:人活着就会遇到问题,一个解决了,另一个接踵而来,不可能消灭所有的问题,有问题是常态。因此,要学会跟问题和压力共存,才能增加承受能力。

另一方面,我希望他具备初步解决问题的能力。

首先把问题做一个定义,看看这到底是一个什么样的问题;然后分析一下造成这个问题的原因;然后争取穷尽所有的解决方法;最后从所有的方法之中分析利弊,选择一个最好的方法。

对于问题的讨论,因为有特定的情境,很鲜活,让孩子有着很强的代入感,能深刻地理解和应用家长平时告诉他的一些道理,更好地成长。

事实证明,孩子的理解能力是不容低估的,常常超出我们的想象。而我们对他的能力评估,常常是滞后的。

　　大多数职业都没有明显的个性偏好，但是具有积极的思维方式、行为方式和具备解决问题的能力，则是做好任何工作的必备条件。

　　3.要想更好地引领孩子激发内驱力，首先必须要跟得上孩子成长的脚步，去及时更新对他个性发展现状的认识，因为青春期的孩子变化很大。

　　要做到这一点，应尽可能争取机会去参与学校组织的一些活动。这会进一步拉近亲子关系。你知道他很多同学的名字和特点，还认识他们的家长；你对他的老师也有所了解，能够与之有效沟通。这会让你们多了不少共同的话题，保障了沟通的良好效果。

　　同时，当你在一个集体中去观察他的表现时，会更加客观、全面。

　　高二的时候，由于我承担了帮助班里为运动会开幕式选择、筹备服装和道具的任务，我目睹了我的孩子组织同学们参加运动会的全过程。在准备参加运动会筹办权的竞标过程中，他的电脑硬盘突然损坏，致使已经基本组织好的近十页的标书全部丢失，而只有一天半的时间可以重新准备。我看到他很快接受了这一不幸的事实，发动同学一起重新整理资料，终于在时限到来前完成了任务，而且做得比原来更好。

　　孩子在组织活动的过程中，因为没有经验，经历了不少压力、挫折和打击。因为我有了名正言顺的理由去了解活动的情况，所以能够及时地了解他的心路历程，也有了去疏导他所承受的压力的可能。经过了这些事，他的抗挫折能力明显提高，心智也变得更成熟了。

　　我参加学校的活动，自己也获得了很多乐趣，也弥补了当年我的中学生活没有如此多姿多彩的遗憾。这些都是很珍贵的记忆，可能以后再也没有机会了。

　　比如观摩二中运动会的开幕式，给每个班的表演拍一些照片，配上文字，第一时间发布在我的公众号上，还被学校的公众号转载。我被孩子们的那些创意深深折服，也为一些幽默的场景而哈哈大笑。

　　同时，家长的参与会传递给他这样一些信号：

　　(1)家长关注我的成长，对我是重视的，我应该重视自己的成长。

　　(2)家长是可以去交流的，其建议是可能对我有帮助的。

　　这些都能从客观上促进他的成长。

　　我的孩子在朝着乐观、豁达的方向发展，也有共情能力，这一点是我当年不具备的。我想这对他一生的成长都很重要。

第三,保持开放的心态和终身学习的能力。

孩子上了高中,优秀的同学很多。学生会干部竞选有个面试,他由于临场发挥不佳,没有得到那个机会,于是内心有些受挫。于是高一的暑假,我鼓励他报了一个演讲培训班。这个培训班,让他更好地认识了自己,接纳了自己,不仅学会了一些当众讲话的技巧,更学会了去享受这种挑战和乐趣。

后来,他对参加学校的一些活动就有了越来越多的兴趣,比如运动会开幕式表演,话剧表演,还自导自拍了一个短视频参加学校的艺术节,取得了不错的名次。

参加这些活动的目的不是为了补齐短板。因为你再怎么补,从竞争的角度来看,也无法超越那些天生具有良好的艺术表现力、感知力,后天又经过训练的同学。

这些努力是为了学会一种开放、学习的心态,敢于去不断突破自己的极限,去积极尝试和体验,去拓展自己的心理舒适区。

同时,家长应尽可能地引导孩子学会独立思考,保持求知的兴趣。

拥有较强的思辨能力,拥有创造力和终生学习的能力,这对未来的发展是很重要的能力,却是目前的教育制度所不能达到的。所以我希望,能通过深度探讨一些问题,来启发孩子,去点亮他内心的那盏灯。

有的时候我会觉得:应试教育已经在孩子的身上留下了一些印记。

考试是有标准答案的。而生活,是没有什么标准答案的。但我一直都没有死心,见缝插针地寻找机会去讨论一些他可能感兴趣的问题。

高三的空闲时间相对比较少。我觉得即使对一些问题的思考需要占用一点时间,那也是值得的,因为可以促进孩子的心智更加成熟。唯有如此,他才能学会客观、辩证地看待高考与未来发展的关系,在巨大的压力下,进一步学会心态的自我调节。

当然要选择讨论的时机,因为时机不对,也很难取得好的讨论效果,孩子会敷衍或抗拒。

前几天在接他回家的路上,因为要参加二中的这次论坛,我随口问了他一个问题。我说:你相信性格决定命运吗?

他想了一下说:性格对命运有很大的影响,但我猜30%左右吧。比如,一个人的性格比较急躁,他是不是做事就总会失败,然后导致一个不好的命运呢?不一定。可能他价值观很正,并且很善良,因此总有人愿意帮助他。所以,他就不一定总会失败。

我当时很欣赏他的思考结果。他也很开心。

但我过了几天才醒悟：如果那个人很善良，价值观很正，说明他具有积极的思维模式，这也是一种性格，导致的结果是，他因为性格急躁造成的不利后果被减轻、中和或忽略不计了，所以他有时失败，有时成功。就是说，这种性格，对他的命运也起了对冲的作用，减少了厄运。所以，我相信性格决定命运。（真是后知后觉呀！）

可见，跟孩子的讨论，不只会启发孩子的思维，也会启发我们自己，让我们跟孩子共同成长。

还会让孩子看到，我的思维有时候也会常常受限，但我一直在努力，努力突破自己思考的极限，以及其他方面的极限。

与其掩饰自己的不足，或在孩子面前刻意美化自己，不如让孩子看到，我们一直在努力提升自己。做真实的自己就好。

我鼓足勇气接受青岛二中的邀请，来参加这样一个活动，其实也有过犹豫，担心自己不够资格，或做得不够好。可后来我告诉自己：你不能一面告诉孩子要敢于突破自己，一面却不敢突破自己，不敢去体验一些新的经历，去拓展自己的心理舒适区。

而一旦我把它当成了一种学习和自我成长的机会，就觉得压力小了很多，而只会去关注如何把内心的想法准确传达出来。

在任何年龄，对任何人来说，保持开放的心态和终生成长的能力，都很重要。

只要敢于尝试，敏于行动，你我都可以做到！

19 当我需要你的时候，你在哪里？

人活到这个年龄，才发现：人生所谓的成功，就是没有错过什么值得的人，也没有错过什么值得的事儿。

除此之外，判断人生是否成功，须同时满足下面两个条件：

1. 他的时间是不是值钱。有的人一小时值一块钱，有的人一小时值一百，而有的人一小时值一万块，或更多。穿越大半个城市、排两小时长队买几斤低价鸡蛋的大爷大妈，肯定时间不值钱，因此不是成功人士。

2. 他是否能够随心所愿、心安理得地支配他值钱的时间。富可敌国，但忙到没有时间去陪伴家人、忽略亲情的人，肯定不是，因为他已经沦为狭隘的事业成就感或金钱的奴隶。任何形式的奴隶，都不可能是人生的成功者。

时间常常是需要"购买"的。不是说能够增加时间的总长度，而是说可以买到选择权——我们能自主选择把时间花在什么方面的权利。

比如买房子时，首选是交通方便的中心地带。相应的结果是，可以减少通勤的时间，最大限度地减少被琐事耗费时间和精力的可能性。每天能节省两个小时的黄金时间，一周是十个小时，一个月是 40 个小时，一年就是 480 个小时。按每天 12 个小时的黄金时间计算，等于一年多出了 40 天的时间，相当的可观。每天不会疲惫地回家，累得啥也不想干，也会有精力和心情去健身、看书、听音乐。这样的精神世界自然比较丰富，幸福指数也会高一些。这是用钱在买时间。

请钟点工或家政人员，帮助打理家务，付出的是不菲的金钱，收获的是每天减少至少两个小时做家务的时间，可以去做其他更有价值、带来更多乐趣的事情。这是用钱在买时间。

想休假的时候，选择自由行，住交通更方便、条件更好的酒店，而不是跟着旅游团跑景点，住郊区。算经济账的话，即使多花了一倍的金钱，但是游玩的时间至少多了三倍，性价比显然更高。这也是用钱在买时间。

不想"购买"时间或买不起的话，就只能任宝贵的生命被琐事耗费掉一大半了。但用以"购买"时间的金钱，却是我们花费了相当的时间，去赚取的。从这个意义上来说，生命的过程就是用时间去置换时间的过程，从而去最大限度地获取如何用掉时间的选择权。

早知道是这样的话，对于人生的很多事，会做出不一样的选择吧。有些事就不必转那么大一圈儿,舍近求远了。当年幼的孩子需要陪伴时,父母却把大把的时间用去赚钱了,过了一些年,有了事业,有了钱,能够用钱去购买时间上的选择权了,然而孩子已经不太需要你的陪伴了。或者说,"陪"倒是"陪"了,基本谈不上是"伴",无法有效沟通。不如当初多花点时间陪伴孩子,即使那会延长一点让事业走向成功的时间。最起码,你在孩子的生命中是发挥了重要角色的,没有缺失的遗憾。

一个朋友事业有成,但绝不是工作狂,经济条件不错,却也不是富豪。他每年花在全家出游上的钱,这些年加起来可以买一套豪宅了!而且他家出游,只考虑舒适和方便,不怎么考虑预算,也很少随团。这固然与他的经济实力分不开,更取决于他的价值观。

他说:"假如我多购置了一套豪宅,财富的增长也就是个数字而已。我虽然少购置了一套豪宅,可是我及时地买到了这些年一家人出行和孩子成长中的很多美好的记忆。如果我现在手里拿着这堆钱,有了大把大把的时间,但孩子都已经长大了,我能一下子交换到这些美好的记忆吗?"

这个朋友深蕴时间与金钱的平衡之道和内在关系。

年龄越大,越觉得时间的可贵。每次在一些无聊的事、一些无聊的人身上,花费了时间,总是觉得有些心痛。而在自己的身上,在自己关心的人身上,即使花费再多的时间,也心甘情愿。生命的价值,怎么也要包括去温暖与你同行的那几个人、去承担亲情的责任并享受亲情的乐趣吧。

想知道你最爱的人是谁吗?看看你在谁身上花了最多的时间,就知道了。是孩子,是父母,是另一半,是朋友,还是自己?

最近有一天跟孩子闲聊:"如果时光可以倒流,你说我们哪些方面可以做得更好些呢?"

孩子诚恳地说:"妈,你已经做得很好了!而我也差不多就是这样了。"

我对这个回答,颇感欣慰。这大概就叫作尽力了吧。

对工作,可以相对自由地做出安排,需要因私事减少工作时间时,不用惴惴不安,能承受相应的后果。

对孩子,没有错过他成长的节点,在他需要我付出时间时,我都给到他了。我对他虽然达不到无可挑剔,但可以说在时间上毫不吝啬,心思也用到了,配得上人母的角色。

想一个人待着的时候，"那个人"不会感觉受冷落。想黏着"那个人"的时候，他不会躲开或忙得抽不出时间来。这大概是因为平时向他投资的时间和注意力，已经满足了对方的需要，因此自己可以奢侈地享受独处的时间，或任性地要求陪伴。

这种对自己的生活可以掌控的感觉，令人安心。

到了我们这个年龄，孩子已经要离家远行了，双亲也日渐老去，婚姻如果没有长期用心的经营，一个不小心，就过成了将就。面对时间，充满了紧迫感。

金钱固然非常重要，在很多时候，是强大的工具。以至于经济条件好的人，可以宣布：用钱能解决的问题，都不是问题！人生，会因为有钱，而减少了很多问题和矛盾（当然，也多了一些问题和矛盾）。

但说到底，时间才是最稀缺的资源。它既无法继承，也无法转让、租借，也不怎么能长期储蓄，更无法一夜暴富。那些你该花时间的地方，那些你该为之付出时间的人，错过了那个节点，可能再也难以弥补了。

那个时间的空洞，会永久性地留在那里。上面刻着你一辈子也挥之不去的一行字，它来自于爱你和你爱的人："当我需要你的时候，你在哪里？"

20　又是草长莺飞时

——高中生恋情那些事儿

我曾参加过青岛二中心理发展中心组织的一次小型座谈,了解到学校的心理课是如何对于"爱情"进行教学的。

心理老师坦然而开明的教学态度,以及大量的一手材料,让我脑洞大开,更新了自己的认知。

高中生究竟是怎么看待恋爱这个问题的,我总算知道了。别的不说,他们如今谈个小恋爱,好像恨不得昭告天下,基本没有保密的意思,对于丰富"校园八卦"的谈资,做出了不少"贡献"。

学校、孩子的态度都清楚了,家长们呢?基于此,我在自己的微信公众号上发起了一个简单的问卷调查,意在了解高中生的家长对于孩子恋爱问题的态度。

问卷调查从开始到结束,每个问题的选项投票比例,始终在很窄的范围内浮动,比例非常稳定,看来是有参考价值的。请看以下数据。

1. 如果遇到心仪的对象,你会支持孩子谈恋爱吗?

(1)支持的家长,比例为 14%。

(2)不支持、不反对的,比例为 65%。

(3)坚决反对的,比例为 21%。

不支持、不反对的占大多数,在现今观念开放的社会,比较好理解。学校的态度也是如此。

坚决反对的,也好理解,无非是怕耽误学业,或玩出什么花样来。

支持的,就有些意思了。

不少家长愣是不明白,怎么竟然有 14% 的支持孩子在高中阶段谈恋爱的前卫家长!

根据"支持谈"的家长们的留言来看,这些家长应该在自己的高中恋情方面有着较好的体验,与孩子的共情能力也比较高,并且非常尊重孩子的意愿。所以,他们的支持大致基于这样一个出发点:能在十六七岁的花季邂逅一场纯真、美好、浪漫的感情,是值得被支持的。

为了收集更多的答卷,我对于问题和选项的描述,都比较简单。要是再具体一些,问题的描述将会是这样的:

如果遇到心仪的对象（只是单恋），你会支持孩子去发起对对方的追求吗？

我想，彼时，支持的比例将会下降。因为主动追求的一方，需要付出更多的时间和精力，意味着可能会相应减少学习时间和正常的与同学交往时间，还要承受一旦追而不得，自信和自尊遭受打击的风险。

因此我想，支持的家长，是把这个问题在心里自动加了前提条件的，至少是，孩子将来会留下一段美好的记忆。可是，万一，搞得一地鸡毛呢？很多太年轻的恋情，常常以并不美好的结局收场。他们只懂得如何开始，而不懂得如何结束。

别说青春里没有这些尴尬的场景，越青涩的恋情，越容易在不经意之间伤害别人或被伤害，因为太年轻，对自己、对他人、对人性，都洞察不足。

如果"支持谈"的家长还是表示：无论如何，只要孩子喜欢上了，我都会支持 TA 在这个阶段去经历、去尝试，那么，请接受我对这种奋不顾身的敬意（不带引号）。

2. 如果发现孩子恋爱了，您会怎么办？

（1）坦然接受的：占 33%。

（2）暗暗希望 TA 终止关系，但不会主动干预的：占 52%。

（3）尽量让他们分开的：占 15%。

"接受"的比例为 33%，比上一个问题的选项"支持谈"的 14%，高了 19%，充分体现了家长们接受既定事实的务实态度。

总体来看，不会强行干预的识时务者，达到了 85% 之多。

"棒打鸳鸯"的 15%，比上一个问题"坚决反对"的强硬派的 21%，减少了 6%，说明：在事实面前，少数强硬派也会审时度势，接受事实。

（哎呀，这一点，千万别让孩子们知道！）

在这里，我特别好奇的是，如何才能拆散小恋人的具体操作步骤。是直接下达"行政命令"，还是用"反间计"，还是"曲线救国"？

这让我想起一个真实的故事。

一个男生的妈妈不顾老师的劝阻，怒气冲冲地找到女生，让她离开自己的儿子。而女生则轻描淡写地说："阿姨，搞清楚点，是你的儿子更需要我好不好！比起你来，我对他更重要！"气得那个妈妈差点吐血。

硬要拆散的话，是否会让他们突然感觉找到了这段关系存在的意义——捍卫人权，捍卫独立和自由，于是就更来劲儿了呢？

所以,接受事实,静观其变,静等关系从内部瓦解,以逸待劳,不战而屈人之兵,貌似是明智的战略。

3. 您跟孩子谈论恋爱方面的问题吗?

(1)经常引导孩子思考爱情、责任、人生等方面的,占60%。

(2)只会提醒孩子不要影响学习的,占35%。

(3)回避的,占5%。

60%这个比例,有些意外。原来,善于治水的"大禹"无处不在啊。虽然这个问卷无法体现出家长疏导的结果如何,但是这么多的家长有这个意愿和倾向,就是令人振奋的消息了。

当然,家长愿意谈,孩子也得愿意听才行。这要看从小养成的亲子关系如何了。即使孩子对家长尊敬而信任,感情也比较亲密,但仍然有很大的可能——家长把这种"引导",给导成了央视主旋律专题片,还沾沾自喜。

所以,父母谈得再天花乱坠,再有同理心,也不如给孩子做个示范,让他看看父母是如何去经营自己的人生和爱情的。

爸爸每天离开家时给妈妈的那个深情拥抱,妈妈投向爸爸的饱含欣赏的眼神,对孩子来说,胜过听一万个充满教育意义的故事。

4. 您认为高中生谈恋爱影响学习成绩吗?

(1)持乐观态度、认为处理好了,可能提升学习成绩的家长,占40%。

(那为什么"支持谈"的家长,只有14%呢? 可见,怎样才能处理好了,是个难题,可操作性不强。)

(2)持怀疑态度、认为有可能会影响学习的家长,占40%。

(3)认为肯定会影响学习的家长,占20%。

(这个比例,与第一个问题中反对谈恋爱的家长比例,是一致的。)

影响学习成绩的因素很多,有智商方面的(比如思维能力,记忆能力,理解能力),也有情商方面(比如恒心,承压能力,自律,专注),等等。

持乐观态度的家长,大概都读过《我在北大等你》书中描写的一类青春励志故事。

一个成绩普通的孩子,跟学霸谈了场恋爱,在学霸的引领和鼓励下,脑洞大开,成绩明显提升,步入了学霸的行列。(就像《那些年我们一起追过的女孩》里被优等生沈佳宜"超度"了的"学渣"柯景腾。)

或者是，一个优秀、自律的孩子，恋上了同样优秀、自律的孩子，互相促进，互相给对方打开一扇认识世界的门，于是，双方的学业都有了提高或维持在了高水准，心智也更加成熟。

以上例子，聪明的家长，一定会从中抓住关键信息，那就是，能够从一段关系中获得成长和学业进步，不仅取决于自家的孩子，还取决于 TA 的恋爱对象，以及他们如何相处。

可万一他(她)喜欢的对方是一个成绩平平(甚至学渣)，或心智不成熟的货，因此水平被拉低了呢？

我当年读高中时，一个认识的漂亮妹子，就发生了这样的事儿。然而，她开始并不是主动喜欢对方的，而是被软磨硬缠、各种围追堵截而"受到了感动"，于是，好女孩被激发了誓要改变"坏小子"的斗志，一头扎进了"爱河"。成绩原本不错的她，连大学都没有考上，没有改变对方，而自己的人生却被改写了，失去了接受高等教育的机会，也毫无悬念地分了手。若干年后她想起往事，遗憾的感觉远远大过美好的感觉。

所以，怎样才能"处理好"这种关系呢？怎样才能一边约会、一边学习呢？时间就那么多。除非是约会＝一起学习，还不能老是眉来眼去。既能管住自己，还要能管住对方，双方都高度自律，达成默契，延迟享受，学会等待，才有可能。

嗯，这种"恋爱"，可以提倡。一帮一，一对红。

问个白痴问题：高中生为啥要谈恋爱呢？

花样季节，草长莺飞，身不由己是毫无疑问的。我去参加了高中的几次运动会开幕式，看到那些青春逼人、婀娜摇曳、舞姿曼妙的小美女，还有身材健硕、模样俊朗、我酷我有理的小帅哥，阿姨辈的我，都挪不开眼来，恨不得把相机镜头戳到他们的脸上。何况同龄异性呢？

除此之外，高中生的恋情背后，是有一些心理动机的：

(1)谈个恋爱，捉只帅哥、美女，来体现自己的个人魅力，刷个存在感。

(2)学业压力太大，竞争激烈，谈个恋爱，可以减轻一下压力。

(3)有个恋爱对象的陪伴，可以填补孤独感，丰富一下单调的生活。

可是，长期来看，这实际是在用一个问题，去解决另一个问题。最终往往是：原来的问题没解决，又增加了新的问题。

其实，谈恋爱本身不是个大问题，单纯地由谈恋爱引起的问题，其实只是一少部分，也不难处理。关键在于谈恋爱可能"踢爆"的问题，即原先就存在的问题，因为谈了恋爱，就变得更加扑朔迷离，错综复杂，就更加棘手。

比如亲子关系原来就不理想、跟孩子沟通不畅的，因为又多了一个人和一种关系，我们与孩子的沟通就更加艰难了。出于趋利避害的本能，有些家长会把问题的根源，归结到孩子的恋爱对象身上。

孩子原来就自我管理能力不强、学习专注度不高，这一下，还要分出时间和精力陪伴对方，自己的学习和生活就更乱了。学业是否受影响，可想而知。

孩子本来在成长中情感就缺失，就不自信，自尊感就不足，恋爱发展不顺的时候（然而这是常态），或"被分手"的时候，就低到了尘埃里去，也并没有达到张爱玲描述的美好意境：在那里开出一朵花来。

所以你看，问题早就在那里，恋爱，只不过是个催化剂。

谈个小恋爱，就能重新投胎做人，或提升格局？

确实有被爱情疗愈了心伤、修补了心灵破洞、唤醒了沉睡的灵魂，或燃起了满腔斗志的，但绝不是在这个年龄段。你心爱的 TA，只是个十七八岁的半大孩子，自己还懵懵懂懂，前途未卜，并且花一分钱都要父母给，又怎能承载起这么多的希冀呢？

青春有憾，或无憾，没有什么标准定义，取决于当事人的感觉。到头来，学霸有学霸的遗憾，校花校草也有他们的遗憾。情窦未开的，有遗憾；发乎情而止乎礼的，有遗憾；轰轰烈烈、奋不顾身的，还有遗憾。

青春就是一场美如烟花般的遗憾。

有遗憾，或没有遗憾，不仅在于你当年做了什么，更在于之后很多年你的努力和打拼。当你而立了，不惑了，知天命了，你给自己的人生评价是积极的，感觉是幸福的，你的青春也会是无憾的。

一个失意、消极的成年人，很难拥有无憾的青春。

本来还觉得天空很蓝，日子过得太慢，毕业遥遥无期，可是转眼间就要各奔东西。方才领悟：时间其实"贵如金"。

从经济学的角度来说，高中时谈恋爱，是回报率极低的。

好友读到此，插话道："经济学个鬼！别瞎扯了！如果你读高中时，有品学兼优、又酷又有型的校草向你放电，发起进攻，如何？"

把我问住了。画面太美，不敢想……

第三章

以怎样的姿势陪伴高中孩子

21　不如意的班级可以给孩子带来什么

儿子顺利地进入了向往的青岛二中就读。

由于中考时获得了指标生资格，可以享受录取线下30分的福利，儿子的中考反而没有全力以赴，最终的成绩比录取线高不了几分。虽然没有用到优惠的分数，但这让儿子感受到了一些压力。

后来我知道，中考成绩一般其实是件好事儿，令他不敢懈怠，从零开始，忘记初中时优秀的成绩。

可见，你以为的坏事，可能是好事。一切都是最好的安排，只看你的心态如何。与其哀叹时运不济，怨天尤人，不如接受现状，去善用那些可以转变的因素。

年级里有两个班是卓越班。在刚开学时，学校曾经让每个同学都填了个表，想被分入这两个班的同学，可以提出申请，择优录取。

我希望儿子可以获得这个机会，因为我猜测这两个班是学校重点培养的，尽管学校从不对外宣称，但大家都心知肚明。与优秀中的优秀者为伍，近朱者赤，我想儿子也会得到提升的。

谁知他像吃了秤砣一样铁了心，表示坚决不去这两个班！

我试着说服他，给他分析了N个理由，还是铁板一块，打死也不去。

那好吧。后果由谁来承担，就是谁的事儿，谁就有最终决定权。因此，只好依他了。

开学分班后的第一个月，儿子似乎把自己包了起来，小心翼翼地观察着周围的情况。有次我偶然瞥见，他甚至把自己的QQ名改成了"学渣"之类的，可见心里对自己的成绩非常没谱。

他口中的同学们，似乎个个都有点牛气，不是辩论大咖，就是才艺过人，或者体育健将，社交达人什么的。

我深深地理解在这样一个大神云集、优秀者众多的群体中，他所面临的压力。但是我不知道怎样安慰他，鼓励他，只有静静等待和观察。

不久，孩子就有了一种感觉：怎么重点高中的班级也不都像想象中的那么令行禁止、严于律己呢？说好的自我管理能力呢？这些从入学军训开始就初露端倪。

甚至有时候在老师上课时，也不能保持良好的秩序，更不用说自习课了。以至于后来有个老师在家长会上说："一想到要进入 X 班的门，就有点头疼！"坐在底下的我，佩服这位老师的坦诚和直率。在这样的学校，好像老师们开家长会都非常小心翼翼地挑选着自己的措辞，把问题一笔带过。但是不踢爆问题，怎么解决问题？我的心里很不是滋味，也有些担忧。初中时，每个同学被培养的自我管理能力是有差别的，到了高中，没有了"保姆式管理"，有些同学的问题就来了。

向来颇具集体荣誉感的儿子，被一种失望的情绪笼罩着。也可能，初迈入重点高中的他，也许还有他身后的我，对环境的期望值有点高了。

必须要调整心态，否则受影响的是孩子自己。我说："如果你不能改变这个现状的话，就先管好自己吧！"我不希望儿子给自己消极的心理暗示，认为在这样松散的班里，努力也没有用，去逃避自己该对自己承担的责任。班级是班级，自己是自己。这是两个概念。

在这样不够优秀的班级里，毫无疑问不是件好事儿。但是，我们肯定就不能从中收获些什么吗？我心里有个小小的声音在说：我不信。

我不知道当时儿子是否后悔自己的决定，没有争取进入卓越班。但我牢牢地管住了自己的嘴。我绝不说：我早就告诉过你……跟一个未成年人，我较什么劲儿、找什么存在感呢？就算我说得对，又如何？何况我也不十分确定我的建议是否正确，这是没有办法去检验的，只能推测。毕竟，他已经开始承担了自己所作决定带来的后果。这还不够吗？

入学没多久，学校为新高一的家长请来了心理专家来讲座，心理老师也传授了家长应该如何帮助孩子尽快适应高一学习和生活的方法。

这个讲座可谓是及时雨，非常有针对性。我很欣赏学校的这种安排。我虽然表面上在孩子面前不动声色，但其实心里也很焦虑，担心孩子的成绩再也不能像初中一样保持优秀，担心孩子无法在高手如云的环境中保持自信，担心孩子放任自己……

认真地听完了讲座，我的心变得明亮、通透、淡定，然后主动写了一个感想，分享在班级的家长群里。写完了，自己的理解和认识，又加深了一步，惠人，惠己，初尝了分享的乐趣。

怎么样能鼓舞一下儿子的士气呢？当时一切都刚刚开始，班级家委会还没有开始筹集任何活动的基金。当时的班主任提出：希望家委会能奖励一下军训中和开学初表现出色的同学。

我主动出资，并跟几名家长一起去购买了奖品。主动出资，是希望把事情高效地办妥，也是懒得去一个个地收钱，50多个家长呢。不是什么巨资，不值得在细节上浪费太多时间。同时，也算是自己的一番心意吧。

再说，儿子在好几项奖励的范围内，能见证这个时刻，我是高兴的。这可能是一个重要的原因。

我喜欢那些简单而真诚地仅仅说声"谢谢"的家长们。来日方长，谁要有心为班级出把力，有的是机会。

但是有个别的家长，对此提出了质疑，并坚持要求把费用分摊。这我就真的不明白了。因为我已经明确地表示，不要发奖时在班里透露是我个人出钱买的奖品（以至于在很长时间内，儿子根本不知道发生的这些事）。又不是什么冠名，奖励的名单也是早就由全部同学投票决定了，有什么必要如此敏感呢！几百块钱的事，也不涉及"富豪家长利用财力碾压普通家长"的狗血剧情吧。

好吧，但是费用均摊的话，谁来收钱、登记、催款呢？一时半会开不了家长会，大家都见不着面。即使可以微信转账什么的，我也没有工夫和耐心做这项出纳的琐碎工作。这可是50多个人呢。

质疑，可以，但是要同时提出可行性建议吧。为了反对而反对，有什么意义？

没见那几位反对者出来收这几百块钱，也没见把他们的那份钱私下转给我。反正，后来这件事就过去了。

发奖的那一天，我们拎着一大堆学习用品，来到了班里。事先我在每份奖品上不厌其烦地逐个贴上了"奖"的自制标贴，希望拿到的孩子们有郑重的感觉，虽然花费了我不少时间，但是觉得很安心，做了该做的事儿。

我事先没有告诉儿子，准备给他一个惊喜。儿子看到我，果然很开心。我好奇地打量着这间稍显拥挤的教室，很喜欢这种与高中生们近距离接触的感觉。从此，我喜欢上了参加班里和学校的活动，忘掉了前面不太愉快的小插曲。

不知为啥，我的焦虑，也越来越少了。得到的最好方式是不求回报的付出。而回报总会有，可能不是马上有，可能是会在未来，以一种你没有想到的方式。我深以为然，屡试不爽。

儿子的学习慢慢步入了正轨，第一次期中考试竟然考了班里的第一名！

从来不敢想象这个结果的我，欢喜若狂。一次期中考试其实不值一提，在年级里的排名也不算领先，但我知道，这意味着小试牛刀之后，儿子的自信心大大增强，会意识到：原来，自己也是有潜力、有实力的；原来，只要去付出努力，就可能有好的结果。

期中考试后，家长会前，班主任希望我写一下教育孩子的心得，在家长会上分享一下。我有这个资格吗？下次孩子万一成绩掉下来怎么办？思来想去，顾虑重重，于是，我作了一下利弊分析：

弊端是：万一孩子下次成绩明显退步了，我的面子上不好看，会被人说：瞎嘚瑟。

好处是：①妈妈上去交流家庭教育的体会，儿子会觉得自豪。而自豪感，可能会督促他更加努力，进一步提高对自己的要求。②迫使我自己去作一个阶段性的总结，重新审视我的理念，以及我与孩子相处的方方面面。未来也会让我提升对自己的要求。

利弊相比，结果一目了然，面子算什么呢？于是我决定了。

我早早地写好了发言稿，然后反复修改了几遍，在不同的时间段，以便更加客观。我的侧重点是在如何让孩子建立责任感，以及如何跟孩子有效沟通，基本没有提学习方面的事。我认为，好的学习成绩是一个水到渠成的结果，是被其他的东西带来的，比如责任感。从孩子很小的时候，我就希望他建立小小的责任感。随着年龄的增大，责任感的范围也在扩展。如果家长对一个没太有责任感的孩子说：学习是你自己的事情，关系到你的未来前途，这有什么用吗？

一同分享的，还有其他几个家长，这让我大大松了口气，减轻了不少压力。因为我最怕的，是搞成介绍经验的形式，因为我根本不觉得自己有什么资格。

家长会一结束，就有家长跑来握住我的手，说我的分享对她启发很大。儿子也说，他在教室外听到了热烈的掌声！看来，分享的效果还不错。

原来我还有这个能力呀。我得到了莫大的鼓励，在孩子教育方面慢慢走得越来越远了。

后来班里投票评选"感动班级"的三名家长，我竟然以票数第二当选！看得出来，儿子也为我感到骄傲。这是我很在乎的一点。我在努力做个好家长，他也会努力做个好学生的吧。我的行动会胜过千言万语的说教。

高二的时候，儿子的班里换了班主任，也分了文理班，并且实行了分层次教学。儿子原来的班级，成了行政班，只有晚自习以及语文和英语，还在一起上。其他的课，是跟不同的同学组成了不同的教学班。

新班主任很有责任心，晚自习安静了不少。也许，孩子们也更成熟了，知道不付出是不会有回报的，再加上高考的脚步更近了，有了些紧迫感。

　　回想儿子的选择，自有他的道理。据说，那两个卓越班的孩子压力非常大。我想，如果孩子心理不够强大、学习能力不够出众的话，怎样的选择对孩子好，这，是很难说的。

　　我庆幸，没有干预儿子的选择。万一当初我强迫他进了那两个卓越班，一旦他面临了巨大的压力，他的第一反应很可能是寻找"替罪羊"。不够强大的人（尤其是未成年人），心理往往会如此，因为他自己可能承受不了那么大的压力。如果是自己心甘情愿地去挤进了那扇比较窄的、门槛有些高的门，无论面临什么局面和压力，他自己是不会怪罪于人的，而是会很快接受现状，会努力适应，会想办法在这种环境下寻找自我的。

　　于是我更加确定，孩子的未来，还是该由他自己作出选择。家长的责任，是从小培养孩子的理性思考能力和责任感，而不是简单地替他作出选择，剥夺他锻炼自己选择能力的机会。

22 若即若离,才能更好地陪伴

常听到别人对我作家长水平的评价。出现频率最多的一个词是:用心。

我是商务人士,在工作中,我深知:工作的结果不是由时间投入的绝对值来决定的。一定的工作时间是需要保证的,但是,是否对工作有持续的热情,决定了工作投入的程度。能否创造性地解决问题,则直接决定了工作的结果。

在陪孩子成长的过程中,我也常常思考:怎样是对孩子最好的。一时半会我还不能得出一个全面的结论,但是我知道在高中阶段,什么是不必要的,即对孩子无条件地付出,完全以孩子为中心。

我知道这一定颠覆了很多家长的认知。

上高中了,很多家长都在学校周围租了房子陪读,牺牲了自己的舒适和方便,去换取孩子的舒适和方便,并且希望能借此换取孩子更多的学习时间。

高一的第一个学期,儿子不喜欢住校,抱怨床垫太薄(我已经在学校发的垫子上,又给他加了一个床垫),床板硌人,还要轮值公共厕所的卫生。偶尔也会流露出对宿舍同学语言太"生猛"的不适。

作为一个细腻型妈妈,说不心疼是假的。尤其是孩子将近一米九的个头,蜷缩在那么个小床上,想想都觉得憋屈。

而且不能像在家里那样天天洗澡,保证个人卫生,每次周末回家,我都有一种想搞个大镊子,把气味不怎么新鲜的他,夹到一个"消毒间"里,好好消毒一番的冲动。

然后,宿舍孩子们熄灯后的夜谈,我也担心一谈就很晚,影响第二天的听课效果。

唉,翻来覆去,想了很久。但是,在孩子面前,在走读问题上,我没有流露出半点犹豫。

我慢慢明白,这其实不是问题,而只是"我的问题"。是我自己,过不了自己心里的坎儿。如果我能过,孩子也能过。也许我该学着粗放一点,压下自己矫情的"洁癖"和过虑,让儿子去跟大多数孩子一样,经受生活的历练。

我给儿子买了舒服厚实的慢弹床垫和枕头,第二学期开学前运到学校,并准备了打扫厕所卫生用的一次性手套等,也不说别的。我没有反问儿子"别人能将就学校发的床垫,你为啥不能"什么的。能提高孩子休息的质量,让他多一个安心住校的理由,为什么不呢? 又何必因小失大,给他多一个不想住校的理由呢?

对于有的孩子"生猛"的语言,我告诉儿子:那可能只是一种解压的方式,或者内心不自信而过过嘴瘾吧。不说明他们的品行不好,充其量是个人修养值得考量。每个孩子的成长环境不同,求同存异吧。

我相信,集体生活的磕磕碰碰,是锻炼包容心,与各种同学相处的最好方式。

慢慢地,孩子就适应了,也没再有什么抱怨。有时候我会调侃孩子:"你变污了!"然后两个人大笑。

我知道,儿子跟同学们经过一年的相处,彼此适应了,感情上也更亲近了。

到了高三,住校的同学进一步减少。儿子又开始摇摆不定,也带来了我的摇摆。

我们家离上班的地方很近,离老人也近。如果搬到学校附近去住,那么一切将被打乱。

但是,那么多同学走读,那么多家长陪读,他们一定有理由吧。

先跟先生商量。先生说:一切从怎样有利于孩子的学习效果出发吧。

又去向班主任老师请教。老师说:住校与走读,跟学习成绩的好坏,没有必然的联系。可能走读的话,会比在学校里休息的质量好些吧。

最后,我对儿子的情况作了评估。儿子不是那种学习很长时间的人。周五下午回家都是狂玩。周六和周日在家的学习时间也不长。据他说:在学校已经学得很累了。这样的孩子,即使走读,他也不会学习到很晚。于是,我心里有数了。走读,不等于提高学习成绩。

我跟儿子商量,想寻求一种双赢的方式。能不能把返校的时间,从周日下午延长到周一早上,前提是周日晚上要在家里保障跟在学校上晚自习一样的学习时间,周三的晚上可以回家住一晚。这样孩子只需要在学校住宿三个晚上,如果想学习得晚一点,可以利用在家的四个晚上。

孩子觉得这个方案很好,就欣然同意了。于是,高三到来后,我们就采取了这样的模式。事实上,到了高三下学期,儿子常常在周日的上午就回学校了,他也知道在家里的学习效果不如学校,并没有"充分行使自己的权利"。

没有任何人做出牺牲,上班的、上学的,都皆大欢喜,也不用租房,打乱生活秩序。孩子的状态也比较稳定。

后来我发现，住校最大的好处，除了节省回家路上的时间，使学习的时间浓缩而紧凑外，还在于两年的住宿生活，儿子跟同宿舍的同学变得更亲近了，他们可以分享、交流共同的感觉，也可以减轻高三面临的巨大压力。这是父母起不到的作用。

至于夜谈、晚睡，也都慢慢有了分寸，就由他去吧。第二天睡不足，就会及时反省和调整的。

不对孩子无条件付出，才能让孩子珍惜父母的付出，从而更加努力。不以孩子为绝对的中心来作决定，才能从更多的视角出发，作出更理性的选择。

不被过度关心，孩子不会背负过重的心理负担，反而更有与父母交流的欲望。向父母倾诉自己遇到的问题，也成为一件再正常不过的事情。因为他知道，父母不会大惊小怪，被他的问题过度困扰，也不会过度焦虑。即使他们并不总能提出有效的解决方案，倾诉一下，也会减轻自己心里的负担。

若即若离，才能更好地陪伴。

23　心与心的距离有多远

周末儿子在家。

"这么不努力,滚去学习!"在我看来,高二的儿子太没有紧迫感了。

"妈,我在学校已经累成狗了! 上帝造人,第七天是让休息的!"

"你这才到哪儿啊,想当年,我高二、高三,一不小心就学到了晚上 12 点,我妈怕我累着,常常说:快歇会儿吧,来看会儿电视放松一下。"

他羡慕地说:"你妈比我妈好!"

……

把一些高考状元的经验介绍打印出来,放到他面前,让他读读,就算能有 1‰的启发也聊胜于无。

过了一会问他:"怎么样啊?"

他明确地跟我说:"妈,死心吧,我做不到! 要不你再生一个吧。"

……

我说:"给你看看朋友圈里转的两封信吧,是爸爸、妈妈写给高中的孩子的。"这两封信,对孩子动之以情,晓之以理,教导孩子努力奋进,不辜负人生。父母拳拳爱子之心,跃然纸上。

他拿过手机,随便扫了几眼,撇了下嘴:"啊啊,一股凛然正气扑面而来!"然后就扔回给我。

"要是我给你写的,你会认真读吗?"我还不死心。

"要是你写的,自己老妈辛苦半天,稍微意思一下吧。"

我泄了气,打消了效仿的念头。如果我不能做到让他一读我的信,就泪如雨下,感念我的十月怀胎和十几年的养育之恩,至少也要看到字里行间隐藏着的、大写的、惊天地泣鬼神的"爱"字。否则我还是不要自找麻烦了吧。

为了让他沉下心来,学习时保持专注,我在网上找了半天,买了一副"静"字,准备贴在他墙上。

他不可思议地看着我:"你要爱贴,贴你房间! 这什么呀,黑不拉叽的,贴上跟在医院似的!"

我直接噎住,恨恨地退出他的房间。我偷偷又看了一眼这幅字。别说,这个黑色的"静",不用说客厅或书房了,连办公室我都不会贴的,那个,确实很容易让人联想到医院……

后来,我对照了一下自己的经历,一个人想了半天。

由于工作繁忙,再加上有自知之明,我爸我妈从小学高年级起,就很少对我的学习指手画脚了。这未尝不是好事儿。爸爸、妈妈也从没这个高雅的爱好给我写信,估计以他们崇高的思想境界和刻板的书面表达能力,即使写了,也会被我视为"革命大道理"而嗤之以鼻、束之高阁的,虽然表面还要装作毕恭毕敬、被感化了的样子。而在信息高度发达、在每个孩子都高度张扬个性、不崇拜权威的时代,我如果还幻想用传统的方式能"一招制敌",也太不合时宜了吧。

我也深深地记得:高三时,无论自己如何努力,都赶不上我们班里的 No. 1。那种深深的无力感印象深刻,虽然他看起来只有一步之遥,介绍起学习经验来也是云淡风轻。先天条件的差异,后天培养的不同,造成了人和人之间学习能力的差距,也就导致了不同的学习结果。老说"努力""努力"的,那么什么叫"努力"? 持久的、尽可能多的时间绝对值得投入吗? 学习的专注度吗? 思维的创造性吗? 强烈的想达成目标的渴望吗? 勇于割舍跟目标无关的事物(包括减少享乐)的意志力吗? 所以,"努力"还真不是"头悬梁,锥刺股"那么简单。

蓦然想起一幕。高三时我第一次到中国海洋大学(今鱼山校区)去。一进校门,我就被那林荫道旁浓密的梧桐树,和一座座别致的小楼所造就的独特氛围强烈吸引了,还有图书馆旁那一片片洒满阳光的草地、假山和名人雕像。这一切在我眼中是那么神圣,却并非遥不可及。而那零零落落坐在草地上的一对对的男生、女生,则那么美好而令人向往。

我在心里呼喊:无论再付出多少汗水,我也要进入这所大学! 这大概就是"内心的声音"吧,是来自外部的任何说教无可比拟的。最终如愿以偿。

我曾经带着还在上初中的儿子在清华、北大偌大的校园里溜达了半天,还在未名湖畔和水木清华旁边呆坐了一会儿,甚至在清华的饭店里吃了顿改良了的水煮鱼。大概当时潜意识里记得自己对中国海洋大学校园的向往而产生的强烈动力,希望也能让儿子"吸清华之灵气,汲北大之精华",化作一桶桶的精神燃料。

但我现在想来,即使我把带孩子第一次参观清、北校园的时间推迟到现在,或高三,无论我营造出何种戏剧效果,如果目标离孩子的现状差距较大的话,恐怕也起不到什么激励作用,只是当作两处景点看看而已。清、北跟儿子的距离,毕竟不是海大之于我的距离。越往金字塔的尖上走，路越艰难。

记得在北大溜达时，旁边走过一对母子。那个孩子看上去是个小学生，妈妈的眼睛里闪着热切的光，抓着孩子语重心长地说："好好看看这儿吧，这是妈妈当年梦寐以求的学校！回去可要好好学习啊，看你这次考得什么呀……"

也许那个孩子会因此从小树立远大的目标，然后心无旁骛地奔向它。可是，总觉得这样的目标有些空洞和缺乏支撑，单靠洗脑是不行的。父母爱着自己的爱，梦着自己的梦，就可以了，不要对孩子上演"盗梦空间"吧，那是个超高的技术活，一着不慎就可能满盘皆输。让孩子做自己的梦就好了。

我趁着送水果又蹭进了儿子的房间，漫不经心地说："其实都差不多啦，条条大路通罗马。C9毕竟只有少数人能上，"985"就很棒啊。上不了"985"，"211"也很好啊！上不了"211"，青岛大学也不错呢，那么多的专业可选，还在本市，每个周末都能见到你。那谁和那谁的家长不都是青大毕业的吗？看人家现在发展得多好啊！"

他的神情突然变得凝重了，若有所思，过了一会儿，慢慢放下了手里的Ipad，开始坐到书桌旁，打开书包。这个年龄果然拧巴，正话非要反说，并加点佐料，才肯竖起耳朵来听。但谁当年又不是如此呢？

我再次确定了，他自己设定的目标并不低。通往目标的路，当然不是一马平川。自进入不惑之年，我渐渐明白，生活中唯一不变的是变化，唯一能确定的是不确定性。且世间万物，此消彼长，宽以待人的往往不够严于律己；老把自己往极限上逼就很难开朗豁达，此事古难全。而中间达到平衡的那条线细若游丝，父母的凡胎肉眼是很难看到的，如果硬要画一条线出来，这将是危险的游戏。如果我能帮他时不时静下心来，坦诚地面对他自己的内心，倾听一下内心的声音和呼喊，就很好了。剩下的，是他自己的事了。

我偏不说"等你长大了，就懂得这是为你好"之类的话。每个做人子女的，基本都是在父母离世之后，才倍觉父母的可贵，这有什么稀罕的？我可不要等那么久，我希望时常能解码他的语言，听懂他内心的声音，一次不行就不断尝试和学习，这也没有多么难。否则，"陪伴成长"还有什么意义呢？

24　怎样"拯救"你的成绩

——高二寒假的反思

又一个考试季结束了,高二的寒假到来。休息,调整,反思。

一、他的数学谁做主

儿子一向成绩都不错的数学,连续两次大考都掉了链子,只比平均分高了几分,都已经 low 到他语文的程度了。期中考不理想,儿子自己的分析是:确实在学习的过程中存在一些问题,也有些放松,该下的功夫没有下到。我相信儿子在数学方面的学习能力和自我调整能力,所以也只是静观其变。而这次成绩还是不理想,他的分析是:全部是基础部分失分,非常简单的却算错了,是考试的答题策略不对,怕做不完,净忙着往后赶了。并且考试的状态不好,脑子木木的,像冻住了一样。

我基本相信儿子的分析,可是,作为妈妈,我觉得自己还能做得更好,于是给数学老师发了个短信。数学老师对儿子的学习情况还是肯定的,建议多计时练习,并且给予了鼓励。我把信息转发给了儿子,他惊喜地说:"原来老师是认识我的呀!"我愣住了。是的了,自从高二分层次教学以来,儿子的这个教学班大神云集,儿子在原来的班里那点数学优越感,已经渐渐透支,并且老师也换了,不是原来熟悉他、欣赏他,并且他也崇拜的那位了。这一定多少影响到了他的自信心。亲其师,信其道。不亲的话,就很可能掉链子!

"何止是认识,老师是看好你的呀!"我赶紧追了一句。

好久没看到他这么开心了。这个小时候屡试不爽的方法,怎么会被我忘了呢? 精准的鼓励,积极的暗示,是孩子始终需要的,必要时,添油加醋也无不可。相信儿子,会慢慢地,一点一点找回他在数学方面的信心。

而他的理综成绩都还不错。他这段时间就像个强迫症,看到苹果氧化,面包长毛,都要唠叨一番其原理。而我也懒得去回顾忘得差不多的学过的知识,只是像个白痴一样,笑眯眯地听着,用眼神崇拜他。作为一个文科生妈妈,我感觉这样就够了。

二、拿什么来拯救他的语文

前几天吃饭,闲聊。我跟儿子讲到了一个在《读者》上看到的故事:一个女孩儿独自在异乡打拼。由于囊中羞涩,只能租得起一间小小的房间。即便是租来的房子,她还是挂上了飘逸的窗帘,铺上了雅致的桌布,买来了精美的餐具。房子是租来的,而心情不是……

"哦!"儿子恍然大悟:"我也读过这篇文章。我当时还以为,这人怎么费了这么多的事,后来没住多久就搬走了,这不是白忙活嘛!原来是这样啊!"

我哭笑不得:"那你现在明白了什么?""呃……就是说,环境会影响人的心理。整洁、温馨的住所,会对人造成积极的心理暗示。"

咦?这不挺明白的吗?怎么自己读,就读成了那样?

对这样一个习惯于一目十行扫书、只看故事情节和漫画,从未被任何文字感动,很少有写作冲动的理科脑袋,要怎么办呢?

偶然读到北大学生写的一篇很有启发的文章,讲的是,怎样用逻辑来学习语文(想必也是被语文虐过,后来跟语文握手言和了)。我重新编辑,分段,加插图,彩色打印出来,一边笑眯眯地递给他准备讨论,一边恶狠狠地脑补,把这"秘籍"里面的功力,用我的内力传输给他。

我甚至在家里突发奇想:要在附近找个有文化的老奶奶,我付给她钱,让她雇我的儿子给她读一些有内涵的书。这样,也许他就会慢慢沉浸在其中,领略语言的魅力。可是,老奶奶在哪里呢?……我是不是电影看多了呢?

第二天,去看《功夫熊猫3》。到早了,在等候时,我跟他谈起了公司遇到的一个难题,想听听他的看法。没想到他很有见解,分析得也入情入理,作出了正确的决定。我激动地轻轻揪着他的头发:"你看看你多棒!我都被你说服了。只要稍微用点心思去思考,去体验,你竟然收获这么多。你的条理和逻辑如此清晰,表达如此简洁有力,这都是写议论文必要的呀!你一定可以写好的!"他嘿嘿地笑了,脸上清楚地写着"满足"。

我仍然不知道他的语文成绩什么时候能提高。好吧,人家的孩子很牛,可是人家的父母,无论是基因,还是后天的熏陶教育,应该更牛!还是谁也别逼谁吧。

三、神秘的情愫

我和儿子一起去看电影。进影院了,在放广告。儿子在黑暗里突然跟我说:"我好想谈个恋爱。"奇怪,我为什么没有被吓到?也许已经千锤百炼了吧,现在的高中生……

我想了一下："有喜欢的女孩儿吗？准备去追求谁吗？"

"没有啊。追求嘛，很麻烦的……"

被动型！此型号一时半会儿应该不会进入角色。"那么，有女孩对你表白吗？"

"没有啊。"

原来是"狼来了"。我暗暗松了口气，谨慎地挑选着用词："那么，你只是渴望得到异性的欣赏和爱慕。这很正常呀，每个人都会想呢。"他似乎放松了下来。电影开演了……

在回家的路上，他突然跟我说："那谁和那谁最近谈上了，老在班里秀恩爱，真受不了！不过，你可千万别跟他们的家长说！"有点心痒了，这是。

就像上帝在我脑门拍了一下，我脱口而出，放了大招："我保证不说。其实吧，也有不少女孩喜欢你呢！"

"真的吗?！谁谁?！"他努力抑制自己的兴奋，差点跳了起来。

"我也不记得了，听其他家长说的。我总不能问人家，是谁喜欢我家儿子吧。你这么好的男孩儿，成绩不错，为人靠谱，宽容和善，高高大大，当然有人喜欢了！何况我去你们班参加活动时，也会感觉到的哦！"我好像听见他咚咚的心跳声，眼睛里放出的光，把夜色都照亮了。真是年轻得可爱呀。

上帝啊，我这样做对不对？我在心里问。星星对我眨了眨眼。好吧，就算对吧。

曾经参加过学校的心理发展中心举行的一个小型座谈会，讨论如何对高中的孩子进行爱情教育，这使我对高中生的校园恋情有了深入的了解。当成时尚而跟风、希望借由异性的爱恋来提升自己价值的，不在少数。为了减轻学习和高考的压力，而谈个恋爱的，也为数不少。其实，自己的价值只能通过自己的努力来提升，而用一个问题来解决另一个问题，也不是解决问题之道。这种时间和精力上的投入，一旦开始，是很难刹住车的。在这个阶段，太奢侈了。

因此，上帝啊，请保佑我的儿子，高中不要谈恋爱。但可以有喜欢的女孩儿，或者被喜欢。如果非要高中谈，但愿遇上的是善良的女孩儿，保佑他的感情不被肆意伤害。如果非要被伤害，但愿不要被伤得太重，能快快爬起来向前走。那毕竟也是成长的一部分。

没有得到上帝的答复。好吧，就算答应了。Deal！

哦，对了，要先感谢上帝，他喜欢的是女孩儿……

25　永远都在"摸着石头"趟过"父母"那条河

有一天,偶尔路过儿子的书桌(真的是路过),看到闪烁的电脑屏幕上,一个我印象中还挺清纯的女生在 QQ 群里爆了句粗口,我差点没有站稳。后来得知,即使是在这么一所重点高中,在 QQ 群,尤其是在匿名状态下,男生、女生在群里恶作剧般地爆粗口,常常有之。

哎呀呀,莫非世风日下,连如今的高中生们都粗鄙低俗,修养全无? 跟我想象的男生玉树临风、女生清纯美好的画面怎么完全不同啊,太违和了。可见,儿子不加我为好友,是多么远见卓识。淡定,淡定……

再后来,我慢慢发现,其实不值得大惊小怪。进入这样的重点高中,人才济济,除了少数的"大神"本尊,众生哪个不是经历过被各路大神无情碾压的过程? 那些脆弱的玻璃做的自尊心,碾碎了,还得粘回去,下次碎得厉害了,索性回炉重新烧制成陶瓷的,会更结实、拙朴些。以后再碎了烧,烧了碎,逐渐就可以修炼成"不坏金心"了。

总得允许这些十六七岁的孩子,在重新烧制自尊心的过程中,去释放那些产生的热量吧。那些粗俗的口头语,对他们来说,只是用另一种方式来发泄自己的无力感:刚刚发现了人生的一小部分真相,就是我使上吃奶的劲儿,也只能跑在队伍的后半部,我……!

人的长大,从发现了人生的真相并痛苦地接受它开始。

其实,少年都不识愁滋味,他们眼里的那个"愁",跟以后将要面临的生活压力相比,微不足道。作为过来人,看破却不能自以为是地说破,否则会毫无悬念地招致十六七岁孩子的白眼儿。然而,相对这个年龄的承受能力来说,这个"愁",可能就是过不去的坎儿,应该去理解他们。所以,每个年龄段都是不容易混的。1 岁的孩子,鞋子里有颗小石头,就是天大的"灾难",就值得哇哇大哭了。而 80 岁的人,面对生老病死,全部都云淡风轻了。

我并不想要孩子超越年龄的成熟,早熟并不是件值得炫耀的好事儿,背后有着各种并不明媚的原因。不同的年龄段,也自有不同的体现个人价值的方式。十几岁的耍帅装酷,二十几岁的攀高爬坡,三十几岁的追名逐利,四十几岁的淡泊明志……七八十岁的看破红尘,窥见天机,那时候,大概在这一世的折腾就快到了尽头。十几岁的孩子，如果一下子看到了尽头，可能会早早失去了在这个滚滚红尘中摸爬滚打的意愿，难道不是一个悲剧吗？所以，我还是不说话吧，只是默默地看着孩子一步步地在他的人生路上踩出自己的脚印，摔跟头，爬起来，继续前行，成长，在识尽愁滋味后，"却道天凉好个秋"。

其实我一直都不知道怎样做家长。孩子小的时候，男孩子们常常掐架，我不知道，是告诉他面对挑衅要坚决还击，还是以德报怨，宽以待人。

过了一阵儿，还是没想明白，却发现掐架的孩子们都成了朋友，原来那是他们认识世界的一种方式。

孩子上小学时相当长的时间内，总显得没有上进心，由于一个偶然的展现自我的机会，孩子发现了自己的内在价值，然后学习就慢慢稳步上升、名列前茅了，我才知道，原来不上进只是表象，而深层的原因是自信心的不足，束缚了自我发展。

孩子刚进入青春期，家里动辄一片"刀光剑影"，气氛紧张。挨过了那段时间才发现，原来那只是孩子对于独立自主的渴望和抗争。毫无悬念地，孩子都会胜利，因为这是人生的必经之路。做人爹妈，明事理的话，就拱手让渡出很大一部分对孩子的"控制权"，只需让孩子明白，"独立自主"是与"责任感"如影相随、密不可分的。而不识时务的爹妈，就会竭力地跟孩子争夺"控制权"，所以派生出五花八门的问题来，结果可能把孩子越推越远，直至迫不及待地逃离原生家庭。

现在我仍然不知道怎么做家长，总像在摸着石头过河。有时候，明明觉得自己已经过了"河"，却发现自己仍然在"河"的中间，暗流涌动。就比如说：如何引导孩子好好读书，不负光阴。这对家长来说，大概是最恒久的研究课题了。

第一次读到龙应台写的"孩子，我要求你读书用功，不是因为我要你跟别人比成绩，而是因为我希望你将来会拥有选择的权利……"那段话，曾经让我觉得茅塞顿开，认为这真是对于学习之意义最接地气的阐述了。

但是，当每个开学季到来时，被很多的家长再次翻出来，高频率地重复，再加上朋友圈和家长群里转来转去的各种校长的开学讲话，会让我觉得一阵阵反胃，何况半大的孩子乎？唉唉，好好的道理，都被玩坏了。所以，我宁可什么也不说。至理名言我不是讲不出，比如在孩子累了时告诉他说：觉得累是因为你在走上坡路，只有走下坡路才会觉得轻松。这样貌似励志的话，有时也能安慰到他。

或者,还有其他选项。有时周六孩子会跟同学相约去图书馆学习。有一个周没去,我随口一问:"为啥同学去图书馆了,你没去?"他正在抓耳挠腮找理由,我作恍然大悟状:"一定是你这周在学校学得太狠了,而他们学得没那么狠。"他哈哈大笑,说:"太对了!"过了一会,就去自觉地"开工"了。

能顺利沟通的两方,必须站在同样的高度,才能处在同一频道。孩子很显然不能超越自己的年龄,去站到家长的高度思考问题。唯一的方式,是家长降低高度,跟孩子站在同一水平线上,心与心之间才能搭起一座桥。等成年的孩子成长了,认知水平开始赶超家长了,家长也要不断学习以求提升自己,争取跟孩子站在差不多的高度,才能顺利沟通,才不会除了嘘寒问暖之外,无话可说。这大概是人生需要不断成长的重要原因之一吧。

26 无心插柳

　　运动会前一天，老师在家长群里问：是否有家长能在开幕式结束后帮着同学们把租的衣服还回去。没人请缨，大家都忙，或不方便。本来这次我也没有去观摩开幕式的计划，离租衣服的地方也不近，但总要有人去做吧，我就毛遂自荐了。

　　一早赶到学校，给身着蒙古族盛装的本班孩子们摆拍了很多美照。看着春天的朝阳下那些清新靓丽的脸庞，尤其是女孩子们，恣意绽放着大好的青春，满心欢喜，眼睛都不够用的，看完了这个，看那个，就像进了大观园的刘姥姥。

　　旁边班级的姑娘们身着藏装，长袖飘飘，仙女一般，美不胜收，顺手也给拍下了。

　　上次运动会的大部分服装是我负责从网上买的，主题是"埃及艳后"。谁让咱孩儿管事儿呢。一声令下，当妈的在所不辞，浏览了不少淘宝店，最终从多家店铺购齐了看上去颇具罗马风和埃及风的披风、袍子、头饰、兵器啥的。没办法，符合"埃及艳后"剧情的服饰，当地租不到，全都不伦不类，总不能让恺撒、安东尼穿着中国民族服装，让艳后穿上印度舞女服吧。欣慰的是孩子所在的班级开幕式演出取得了全校第二的佳绩，连我也跟着有了成就感。

　　忽然半年就过去了。这次没有参与孩子们服装的准备，可能其他家长帮忙给租借的，对开幕式表演的细节也一无所知。等本班的同学们隆重登场，大为惊艳！虽然匆匆排练，不算整齐，但创意和编舞都值得赞叹，并且领舞的女孩儿们表现不俗。十七八岁的如花年龄，曼妙的身材，一颦一笑，一举一动，怎样都是好看的。

　　突然，音乐切换到熟悉的《套马杆的汉子》，而那个领舞的、风头正劲的汉子，竟然是我家儿子！我差点把手机掉在地上，真是没白来啊。这家伙竟一点口风都没露，保密工作做得够好的。虽然是不多的动作，但那一招一式，加上儿子膀大腰圆的外形和蒙古服装、头饰，还真充满了蒙古汉子的豪迈。竟然……还有个托举的动作，可千万别把人女孩儿给摔了。

　　儿子啊儿子，你还真豁得出去啊，比我有勇气多了。我试着从一个旁观者的角度，去审视、欣赏这个胡子拉碴、充满阳刚气的"汉子"。嗯，还是不错的。

我一边拍摄，一边拼命忍住笑。最后，在"汉子"出人意料的一声仰天怒吼中结束了表演，引起全场一片笑声，视频里也录下了我再也忍不住的哈哈大笑。

真庆幸自己来对了，多么宝贵的机会啊。本来是来帮忙的，没想到却拾获了如此大的乐趣，欣赏到了儿子的"处女秀"舞蹈表演，看到了他的另一面。尽管那堆连我的后备厢都装不下的服装，分了两个地方去还掉，确实又花费了不少时间，还因为少了个头饰，垫了一点钱，但这点辛劳转眼就会忘记了。而多年以后，这快乐的一幕依然会长留心中，回味无穷。

后来一想，既然已经拍了这么多照片，何不发到公众号里，与更多的家长们分享呢？阅读量创纪录了，又是一个无意间的收获和乐趣。虽然并不能带来一分钱的收益，但是独乐乐不如众乐乐啊，快哉，快哉！

无心插柳，而柳树成荫。遇到事情，少一些得失的计较和纠结，能做到的就去做呗。所谓的"出力不讨好"，我们经常误用，除非你"出力"的目的就是为了"讨好"，带有强烈的目的性。否则的话，只要力出到了，心就安了，这就是"讨到了"好的"结果"。你会变得越来越强大，也会使生活不那么复杂。而收获就像上天的礼物，令人惊喜，尽管你事先并未期待它。

27 我是如何把孩子"教残"的

我在大学里的专业是英语。某日朋友"晒娃",发了个自己5岁的孩子演唱英文歌曲的视频。欣赏的同时,自愧不如,没帮自家孩子把英语学出点名堂来,浪费了将自己所学的专业"利益最大化"的机会。

其实儿子当初上的是双语幼儿园,也接受过那种坐在地上、由外教"寓教于乐"的教育方式。外教是个金发碧眼的美国人,而且很会耍宝,颇受孩子们的喜爱。按说在英语的学习上,孩子是没有"输在起跑线上"的。如果算上在妈妈肚子里听妈妈讲英语的历史,简直是"赢在了起跑线上"。

但儿子长大了以后,并没有延续在幼儿园学习英语的兴趣,而纯属当成了一个学科。常常是刚要跟儿子飚几句英文,即被冷冷地制止:中国人请讲中文!虽然有了一些帮他训练英文的想法,但都没坚持多久,于是彻底泄了气。因此儿子的英文一直是马马虎虎,不好不坏。

这是一个至少没有把孩子"教残"的中性例子,只是不管他了而已。

然而,我还有另外一个成功地把儿子"教残"的坏例子,就是他的作文。凭着自己上中学时作文常被老师褒奖攒下来的那点自信,我从儿子上小学后,就把"魔爪"伸向了他。

其实起步是在幼儿园时代,当时我们的"作文"形式是:他说一句,我记一句。无论这句话是不是顺畅,有没有意义,不管,全是原汁原味、幼稚可爱的童言童语。我们当它是个游戏。

因此,儿子上了小学后,觉得写作文还是挺好玩的,甚至二年级时的一篇作文还被收入了学校编纂出版的作文集里,让我嘚瑟了半天。到这里一切都还好。

后来上了三四年级了,我慢慢感觉到,儿子的作文水平提高得并不快,已经"泯然众人"了,于是我暗暗着急。现在想来,我是依据什么标准来作出判断的呢?是偶尔几篇没有得到老师好评的作文吗?还是自己过于"居安思危"的无名焦虑?其实孩子在某些阶段,不同方面的发展不同步是正常的。

于是,我开始了正儿八经地"辅导"孩子的写作。每次孩子写完草稿,我坚持让他修改好几遍,等他改不出什么了,我就异常耐心地给他讲解:细节这样改一下,会更加生动;这句话挪到那里,条理会更清晰。有时他实在不愿改了,我也要他口头修改。于是,这种精心修改过的作文,大多数时候都获得了老师的好评。我被自己这种负责任的精神深深地感动了。

不是说，优秀是一种习惯吗？他习惯了得 A＋或 A 的话，大概就会不断努力，以便维持这个好的作文分数吧。

我充满了自恋，洋洋自得地沉浸在自己的"教育成果"里，却没有发现，孩子对于写作的兴趣并没有被真正激发，因为他没有理解人为什么需要书面表达。反而这种"精益求精"，在他的潜意识里种下了一个概念：他自己无法独立做到足够好，要依靠妈妈的辅导。

这无疑不是一个积极的心理暗示，对建立自信是没有帮助的。于是上了初中以后，儿子的作文水平就非常平淡了，跟班里写得好的同学相比，真不是一个级别的。他的阅读习惯是一目十行地浏览情节，从来不会去想象那些文字带来的美好意境，好像也没被打动过。我买的书他一概不读，喜欢读的都是自己买的侦探小说、推理小说之类的。

作为一个理性尚存的"新时代"妈妈，在身体力行了著名的成语"拔苗助长"之后，我坚决地……放弃了。我决定：无论他写成什么样，我也不再去"修理"他的作文，长什么样算什么样吧，再丑也是天然的。

如果他主动给我看某篇作文，我会表现得相当开心，无论他写得怎样。先表扬再 but 的那种手段，我是坚决避免的。同时，也尽量减少评论，不说好，或者不好，就像呵护一棵幼苗。偶尔我被他的作文逗乐了，对他来说，这好像就是很大的肯定了，足够了。

就这样，初中三年过去了。他的作文始终平平淡淡，而语文始终是拉过他无数次后腿的、"最不友好"的科目。

有一次我忍不住问他的语文老师："为什么他的语文成绩总是不理想？"老师被我问急了，委婉而含蓄地说："大多数逻辑思维能力强的孩子，表达能力都不是太强。"好吧，我接受了这个说法，但是还有一点"贼心不死"。事情都是在变化的，不是吗？

儿子上了高中。有一天我读到了他写的一篇周记，那种加入一个陌生而优秀的群体后的自豪和迷茫，那种混合着新鲜感和憧憬的压力感，瞬间击中了我。他第一次让我看到了感情在文中的涌动。

这是个好的信号，他有点明白了为什么我们有写作的需要：是为了向外界表达自己的情感和观点，更是为了跟自己的内心对话。

而大多数时候，他把自己的作文藏得紧紧的，防贼一样。无所谓，你不给，我不看。只要他开始倾入了感情，早晚应该会领悟点什么。

儿子高二时，我开了自己的公众号。为了"拉拢"儿子，使他能深入思考点什么，我用尽了各种理由，还妄想掀起一些争论啥的。有时是说："儿子，来帮我把把关，看有没有涉及你隐私的。"有时是对于一些观点，征求他的意见，然后再反驳他的意见，诱导他跟我争论（我相信理不辩不明，辩论有助于逆向思维和发散思维），或者"虚心"地让他给我的文章提出三条缺点来，帮助我提升自己。

儿子高兴时就看上几眼，轻描淡写地给上几句意见，比如："别老想着教育孩子们，反正只要是劝学的，劝人向上的，大多数同龄人都不会爱看的。"

我刚一辩解："我又不是写给你们这个年龄看的。"

儿子下一秒就变成了敷衍："哦，给家长看的，那没我啥事了吧。"于是开溜。

偶尔有一些争论，其结果都是儿子嫌麻烦，懒得跟我多说，就用"好好好"把我打发了，让我满满的鸡血无处挥洒。

没心情时，人家直接拒绝我，我也识趣地不再继续纠缠。"赚"一点是一点呗。

如果现在哪个进入青春期的孩子喜欢阅读父母写的东西（即使那个父/母是名满天下的"大家"，甚至获得了诺贝尔文学奖），那就比较奇怪了，因为两代人的兴趣点严重不同。除非孩子长大成人，有了丰富的人生阅历后，才会有真正想了解父母的渴望。这很正常。

如果通过简单地"转发"给孩子一篇优秀的文章，就希望孩子像我们一样有所领悟，这真不太现实。一大锅满满的心灵鸡汤摆在他面前，他还有胃口喝吗？倒不如分成小份，在他"渴"了的时候，不经意地放上一小碗在他的周围，他会端起来一饮而尽的，还会咂咂嘴觉得挺美味。不"渴"，就不给喝。

最近碰巧读到他无意放在桌上的一篇议论文。嗯，还行，观点清楚，举例丰富，阐述充分，虽然语言的力道还是差那么一点。

我调侃他："我有个错觉，怎么感觉你进步了呢！"

他带着一点小得意："好像有点开窍了！"

这个窍，能再开大点不？心里想的，没敢说出来。得寸进尺是家长的"优良"品质。

世间的东西就是这么奇怪，欲速则不达。越想玩儿命追逐的，就会用力过猛，偏偏不一定能得之。一旦放下了，想开了，力道均匀了，它可能不知不觉就来了。

我在儿子小学三四年级时就告诉他："我的理科全忘光了，根本帮不了你，要靠你自己了！"以及"我好讨厌生物啊！我当年生物学得太烂了。"这是实话。

我烦生物烦到了什么程度呢？儿子初中时要期末考了，拿着生物讲义让我提问他。我才问了一个问题，就"恶心"地把讲义丢回给他，扔了句："自己复习吧。"就溜了。

最具讽刺意味的是，人家的生物，轻轻松松就学得很棒，也有兴趣，好像在跟我示威："比你强！"其他的理科也都不错，即使暂时出现了问题，自己也能及时调整，迎头赶上。

造化弄人啊！

其实我也想做个实验，看看自己不擅长的科目，孩子是更会受到负面的心理暗示、认为自己也不行呢，还是会"遇弱则强"，激发了好胜心？反正我已经非常不严谨地证明过了，自己擅长的科目，孩子不一定擅长，因为他的思维方式和兴趣可能是不同的。

从这个唯一的"实验品"来看，他的内在兴趣趋向和天生的思维特点是起主导作用的，它们虽能被引导，但不能被控制。

最后，总结一下：如果家长不确定自己懂得怎么培养孩子对于某学科、某方面的兴趣，或者自己没有足够强大的爱好（比如博览群书啥的，能强大到把家里的空气都熏陶出"书香气"来，致使孩子不闻也得闻），只要不去盲目干预孩子的自然成长就好。家长适度示弱比逞强好胜，在孩子身上更能取得好的结果，而不是妄想能把自己某方面的才学移植到孩子的身上。这是很多高知家长的通病。

想到这里，吓出了一身冷汗，还好，我们家的文化水平不太高。否则，就凭我这样的"负责任"，还指不定把孩子"摧残"成啥样了。至少，我做对了一半，勉强及格。

忽然记起那首流传甚广、很有寓意的诗《牵一只蜗牛去散步》。孩子没长大时都是"蜗牛"。他走得很慢，你无法强行拖着他走，只能耐心地跟在后面，等待他根据自己生命内在的节奏，在他自己准备好的时候，一步步向前爬。

而这一路的风景，满满地都是上天的馈赠，好好欣赏吧，这才是我们唯一能拥有的东西。

28 知道为什么有的孩子成不了学霸，就明白了大部分的人生

一些家长吐槽：自己的孩子看上去很努力了，可是仍然进不了学霸的行列。这是咋回事儿呢？

"大朋友们"浸淫职场多年，被数学、物理或英语狂虐，抓破了头皮也写不出作文来，已经是很久远的事了，很难再设身处地。

人生好玩的是，不被这个所虐，就被那个所虐，反正"虐你"没商量，"被虐"停不下。说得好听点，叫打拼。

"学生党"和职场人还是有若干相似之处的。看明白了，很多事就好理解了。

1. 为了谁、为了什么，决定了能不能主动地去做。

事实上，谁也不会为不明白或不认同其意义的事情，投入很多的激情和时间的。敷衍是正常的反应。

比如职场人，多数都抱有打工者心态，每天不迟到，不早退，就是敬业了。把上司布置的事情在程序上走完，就算有专业精神了。工作啊，肯定是为老板干的呗。遇到的问题嘛，长得都像拦路的恶狗，赶紧远远地躲开。总不能拿着卖白菜的钱，却操着卖白粉的心吧。而工作的意义，主要在于挣一份工资。

而老板们就不同了。因为是为自己打工，他不会把按点上班、下班当作尽了职。对问题这条恶狗也无法视而不见。既然是恶狗，不把它打死的话，将来很可能会被它所伤，是会完蛋的。所以老板解决问题时，力求彻底，连根拔起，不留后患，因此非常在乎自家的工作效果。并且，每天如果没有完成当日的目标，他离开办公室时，是会觉得对不住自己的。

那我们可爱的普通孩子呢？每天早早地爬起来，该上学上学，该放学放学，该交作业交作业。没有少做什么，完全是好学生的模式呀。

至于"我到底为什么学，为谁而学"，本来这些个呆萌的孩子还没想明白，可是妈咪说，如果我这次考试考得好，带我去迪士尼嗨皮，或者给我买个 Iphone 最新款显摆。那么，我，一定是为妈咪、爹地而学的，是为去迪士尼嗨皮和得到 Iphone 潮款这样的目标而学的。

孩子后来发现：原来，解出这道难题、背过这些单词要用去这么多的时间、

要死这么多的脑细胞啊,好累啊。唉,迪士尼、潮款手机什么的,我还是不要了吧。这样就省事儿多了。耶!考完试把成绩单(俗称"工资条")一交,只要爹妈不发飙,就算圆满完成本学期的任务了。

是不是很像"当一天和尚撞一天钟"、应付老板的打工者呢?

而那些学霸孩子们,深知学习是自己的事儿,就像每天吃饭、睡觉一样,是被一种生物钟控制的、自己内在的需要和呼唤,跟爹妈没有关系。

当然,他们的爹妈是断然不会拿新款手机、出国游等来"贿赂"他们的。"贿赂"是有风险的,这次能给孩子买部手机,那么下次呢?下下次呢?下下下……次呢?难不成还要买架飞机?

相比之下,精神上的满足更加"实惠"而持久,且自带"升级系统",爹妈需要做的,就是播下一颗叫作"责任感"的神奇的种子。孩子自会像老板经营自己的公司那样乐此不疲,并且用"成就感"这种超能肥料,给自己施肥。

他们深知,逃避这道难题是脑残的行为,问题不会自己长脚跑掉,早晚会堆积成山。这座"山"高到了一定程度,是无法逾越的,绝无可能像神话中的愚公那样感动了神仙给把山搬走。只有自己死磕,干掉了这几道难题,打死了"恶狗",才能如释重负,心安理得。

何况那个叫"成就感"的肥料,是很容易令人上瘾而欲罢不能、无怨无悔的。

所以,为了谁、为了什么的问题,换言之,意义这个东西,还是很需要花大把的时间和力气,去搞清楚的。

2.热爱的程度,是"超能牌"内驱力,决定了能把事情做得好到什么程度。

最成功的职场人,是那种"做你所爱,爱你所做"的,也就是所谓的"不疯魔,不成活"。如同乔布斯对于苹果手机的细节,病态般的追求。他是真的享受这种精益求精带来的快感吧。

假如一个孩子,本来已经思路枯竭,要洗洗睡了,忽然着魔了一般,一骨碌爬起来,文思如泉,刷刷刷地写作文,或者脑洞大开,刷刷刷地写数学公式,拉都拉不住,直到收工才心满意足地去睡,那么他基本是这科的学霸。

如果成功地完成了一项任务,浑身有说不出的爽,那一定是自己投入了自己的全部身心在里面。越热爱,越投入;越投入,越热爱。这种良性循环就是做好一件事情的秘诀之一。

而如果足够热爱的话,定能忍受延迟享受,延迟回报。

比如普通的孩子也懂得考上名校很重要,然而那是明年、后年或大后年的事儿,而我现在想嗨皮、享受生活的需要却是刻不容缓的!

我所知道的一个拿金牌拿到手软的信息竞赛"大魔王",常常是编程忘记了吃饭。这个过程就足够令他享受了,暂时的遇阻也绝不会让他灰心丧气。而成功,往往就这么不期而至。

这样的热情,无论移植到了什么学习科目、工作项目上,都会搞出些名堂来的。

3.说说固然容易,那么,怎样才能对工作、对学习产生深深的热爱呢?

对工作的热爱,前提是不能入错了行。

假如你天生喜欢稳定的案头工作,细致而有条理是你的长项,却把你派去做推销,每天要打无数个电话,敲无数次门,遭受无数次拒绝,无数次被翻白眼儿,即使艰难地拓展了一点"心理舒适区",比原来的能力有些提升,收入大大增加,也仍会觉得压力山大,对这份工作是断然爱不起来的。

而那些人来疯、话痨、自来熟之类的,无论被多么无情地拒绝、打击,过了一会儿就满血复活、活蹦乱跳了。他们生来就是做推销的料儿,让他们去摆弄一大堆文件,准得憋死。这样的人,就比较容易爱上推销的工作,享受推销工作带来的成就感。

同理,有的孩子记忆力不强(别人花半小时背过的东西,他花 3 个小时也背不过),或形象思维能力不强(描述什么都是干巴巴的,想象力的翅膀只长了半拉),或者逻辑思维能力受限(怎么也理解不了 +1 和 -1 相加,为什么会等于 0),学习时间上的一味多投入,也不一定能弥补先天条件的不足,尤其是在一个实力较强的群体中。再说,多少才算多呢?

你再怎么逼他,激励他,把他全身的血都换成"鸡血",也是不中用的。他对这些"虐心"的科目也是热爱不起来的。

他的能力可能体现在其他方面(比如善于说服别人的能力,或团队协调的能力),并会在其他时间段绽放(比如踏入社会以后)。作为家长,需要呵护他的自信心不受严重的摧残,自我价值感不被明显贬低,把视野放到更远,放到孩子的一生。

有些热爱是拜基因所赐,是天生的,比如对数字或文字的迷恋,这样的孩子,学起数学或语文来,肯定如鱼得水。天赋带来兴趣,兴趣带来专注,专注带来好的结果。

有些热爱,是得益于幼时父母的循循善诱,孩子一两岁的时候,父母扔给他一长串各种形状的木块,有长方体、球体、圆柱体等,他来回把玩的过程,就是空间几何的启蒙。5 岁的孩子,经常被派去报摊买报纸、买杂志,就会饶有兴趣地学着把账算对。数学是不用教的,只要让孩子看到了数学的存在和用途,他一旦产生了兴趣,自会去探究。

语文,也是不用教的,因为,一般人只能对孩子加以熏陶,但是教不了。形象思维能力强的孩子,一读到那些神奇的文字,就能自动地将文字所描述的意境在脑袋里转换成一幅浓淡相宜的全景图画,妙不可言。在这个基础上,不难获得驾驭文字的能力并精进。

如果没有这样的基因,也没有这样的后天培养,想说:爱你,并不是很容易的事。

4. 职场成功或学业成功,一定的时间投入是必要的,但不是绝对的。

在上面三个前提条件下,谈论保障工作或学习的时间,才有意义。

有个“一万小时定律”,说的是,1 万小时的锤炼是任何人从平凡变成超凡的必要条件。

然而这只是对个体来讲。如果对同一人群来说,所投入的时间长短,不是能否达到“超凡”的决定性条件,还有上面的三条,即意义上的认同、情感上的热爱和天赋条件。

可见,学习时间的长短只是个相对的概念,只起相对的作用。然而,我们指责熊孩子学习不努力的时候,潜意识里其实只是指向学习时间这个概念的。如果他每天除了吃饭、睡觉、上厕所,都趴在那里作学习状,我们大概就不会指责他不努力了吧,尽管他的成绩始终不怎么优秀。

很多孩子的“秀”就是这么做出来的。

明智的老板,是不提倡员工加班的,除非是一些服务行业。有本事你就在工作时间内,提前规划,统筹安排,把该做的事情做好。如果你的工作量跟别人差不多,却常常加班,不是能力明显有问题,就是有拖延症,是没有前途的。提倡加班的老板,企业必然是效能低下的。

明智的家长,也不会在孩子高效地完成了质量不错的作业以后,还给他增加作业。这种“鞭打快牛”的做法,让“快牛”变成了磨洋工的“慢牛”。家长需要的心安,只是孩子坐在书桌前的那个样子。如此一来,孩子的学习效果是好不到哪里去的。

一旦你产生了逼迫孩子延长学习时间的冲动,想一想老板让你加班时,你的不情愿可能导致的消极怠工吧。当然,如果孩子主动要求多学一会儿,并且能学得专注,你就可以偷着乐了。

所以你看,搞好学业真不是一件容易的事儿。就如同身在职场的我们,一样的早出晚归,一样的承受压力,一样的多年历练,然而只有少数人才能飞上枝头变凤凰,在事业上有所建树。

你逼孩子当学霸,不怕孩子逼你当富豪吗?枝头的凤凰和学校的学霸,是必然的吗?还是幸存者偏差?无法粗暴地下结论。

所以说,学霸是可遇而不可求的,"学神"更是浑然天成的。然而这些珍稀物种,只是在校园这个自然保护区内受宠。早晚都要走出保护区,踏入社会的。父母真的爱子,就为他"计深远"吧。对学业的要求,以不伤害到他的自信心和自我价值的判断为限。

29 请把我"拍死"在沙滩上

——写给儿子的一封信

亲爱的帅哥：

期中考试以后，总想跟你一本正经，按照 1,2,3,4 的要点，很有条理、很有逻辑地来一次"居心叵测"的"约谈"，但是我却一再犹豫着。

最近似乎有个什么专家（我记不清是哪个了）谈到为什么家长无法跟孩子有效沟通时，往我的脑子里扔下了一颗"炸弹"，炸碎了我原来的认知。

很多家长跟孩子谈话时，都预设了这样一个前提：我过的桥比你走的路还多，因此我的认知比你正确；我占领了道德高地，因此我说的话是你的行为准则。

这样的预设，一个是教育者，一个是被教育者，居高临下，因此产生不了好的沟通效果。

设身处地想一下吧，我在你的这个年龄，如果父母找我谈话，我不敢表现出一丝一毫的不耐烦，而是频频点头，好像他们说的金玉良言，像甘露一样，一点一滴，滋润了我干涸的心灵，点化了蒙昧的我。

我不得不佩服那时的自己：演技简直超一流啊。

所以呢，己所不欲，勿施于人。我看你演技也见长，因此赶紧审视自己：是否自己也以为占领了"道德高地"和"认知高地"？

我要，我要——改变自己！

这么一想，我实在认为自己没有什么资格去对你指手画脚。

你看吧，我从小学到高中，读的学校没有一所比你的好。首先我都输在起跑线上了。

我当年的学习能力貌似也是不如你的（如果不算上自律和专注的话）。

你对在数学课上无法马上理解老师讲课的内容而焦虑万分的女生大概熟视无睹吧，我当年就是其中的一员，只有课下猛补，归纳总结，争取做几道题就会一类题，以至于一些在课堂上常常跟老师"眉来眼去"、对老师的授课内容似乎"秒懂"的男生，怎么也想不明白，为啥我的数学成绩总是比他们好。哈哈，太好玩了！

尽管我最后幸运地被保送了，没有参加高考，其实我很有自知之明，以我的能力，大概也考不上比自己被保送的大学好多少的学校。

所以我有什么资格去指导你呢?

人生经验嘛,这事儿也不好说。只有成功者才有脸去谈经验的,失败者只配谈教训。以为自己年长了很多岁,就动辄在孩子面前以"过来人"自居,我还真不屑。虚度的年华,空长的岁数,这实在算不得什么资本。

我倒不认为自己是人生的失败者,虽然也没成功到哪里去。应该说,我现在过的是自己选择的生活,也是自己想要的生活,从这个意义上说,我不算是个失败者。所以,这给了我可以在你面前说几句的底气。

记得我们那次吵架,可能我在学习问题上将了你一军,你急眼了,冲我嚷:"你也不是想赚多少钱就能赚多少钱的!"

我回了你一句:"但是我并没有让你缺衣少食啊,物质条件还是比较优越的吧!"

你无语了。

你这个不怎么爱争论的孩子啊,让我满锅的鸡汤,何处去挥洒?!

想考多少分就能考多少分,想赚多少钱就能赚多少钱,这两者哪个更难?还真不好比。只能说,都很难,不是单纯的努力就能达到的。

你正在经历"考分"阶段,而"赚钱"阶段还完全没有经历,而我的这两个阶段都经历过了,都算及格了吧。因此,你需要积累的东西远远比我更多。一个在荒漠中要赶一百公里路的人,自然比只剩五十公里路的人,需要储备更多的食物和水。你还有很长的人生路要走,而那些路,并不好走,是该有些危机感的。所以,不要完全地跟我的现在比较吧。我的背后,有太多你在这个年龄还看不到的东西。没听说过"好妈妈是一所好学校吗?"好吧,我假装看不到你在撇嘴。

另外,让我可以理直气壮的是:活到现在,我的人生没有什么可后悔的。

你知道什么样的人,长大或变老会后悔吗? 是那些聪明的、有能力的人!

这么一说,我倒着推算,自己其实是笨蛋一枚! 因为我没有什么后悔之事。嘿嘿。

举个例子:我高三时差不多拼尽全力了,把自己基本都榨干了,也就那个水平了,因此,接受那个保送指标对我来说,是最好的选择。所以我从来不曾后悔过。

可是,假如我的学习能力一向出众,但是决定保送顺序的毕业考试考砸了,因此,我没有被保送到更好的大学和专业,而只是被保送到目前的这所大学,你说,我会后悔吗?

当然会了! 可能一遇到不如意,我大概就会恨不得狂抽自己几个嘴巴:当初为什么不学得更扎实一点、读个更好的学校、进个更好的单位、让自己踏入社会的起点更高一些呢?

这得花多大的力气,才能抚平自己的不甘心呢!

再举个例子。某次同学会,有个同学遗憾地谈起来,当年成绩不错的自己,没有选择去上高中,却听了家长的话,上了中专。她一直对此耿耿于怀。

其实那位同学事业有成、生活圆满、能力出众。在我们看来,很多读了大学的同学,也不一定就能取得比她更大的成功。

但是我有一天忽然理解了她:这对她自己是不一样的,似乎有一些可能性被剥夺了。最遗憾的是,这是无法验证的,因为人生无法重来,只有单程票。

因此,后悔药,是给当时有能力去做更好选择而又没去做的人"定制"的。人生的意义,从某种程度上来说,就是,不做让自己后悔的事。

所以,从现在开始,请你经常问一下自己:我会为之后悔吗?

休息一刻钟也可以的,而你休息了一小时,浪费了四十多分钟,等于翘了一节课,你会后悔吗?

有的知识点掌握得不扎实,你就这样漏过去了,高考万一考到了你没做对,就因为几分,你与心仪的学校或专业失之交臂,你会后悔吗?

"明天一定要……"的句型重复了很多次,也不见行动。明日复明日,明日何其多,蹉跎了岁月,你会后悔吗?

为了眼前省些力,你把自己的目标调低了,选择了较为低配的人生,你会后悔吗?

如果可能会后悔,何不从现在开始,把那些可能让你后悔的"毒芽"一一地拔掉呢?

该拼搏的时候,竭尽全力、毫无保留,这真是一件既痛苦、又痛快的事。淋漓尽致的人生,前半场就是一场自虐。唯有先自虐,后半场才不会被生活、被他人所虐。

最后说一下,我非常佩服你的幽默感和自我减压的能力。当我质疑你这半学期的学习状态时,你跟我说:

"我现在已经从'看山是山',过渡到'看山不是山'阶段了,我想很快就要到达'看山还是山'的阶段了！就快'悟'了！"

在你这个年龄时，我是很容易被别人的评价而影响的。你看，这一点，你又胜我一筹。能把自我安慰升级为自我激励，厉害！

人生最大的快乐，是看到自己的孩子超越自己。所以，我时时刻刻盼望着，盼望着：

快来把我"拍死"在沙滩上吧！

——以前常常说"爱你"、现在不怎么好意思说、
但是会一直爱你、支持你的妈妈

30　写在儿子的成人礼之后

亲爱的儿子,虽然离你的 18 岁生日还有几个月,但参加完学校为你们举行的成人礼,我意识到,你终于长大了。

幼儿园毕业典礼仿佛没过去多久。盛装的你们在音乐伴奏下,一个一个煞有介事地穿过彩色气球扎成的拱门走上台去,我悄悄地抹掉忍了半天也没忍住的眼泪。那一刻,你出生时的样子从我眼前闪过。把你柔软的小身体抱在怀里,我觉得自己是世界上最幸福、最满足的人,还具备了自动"满血复活"的功能,随时可以像武士那样提刀上马,把所有的困难斩于马下。这是你给我的力量,让我完成了人生重要的蜕变,荣升为妈妈。

你的小学毕业典礼仿佛还近在眼前。当华灯初上,夜幕降临,《感恩的心》的歌声响起,你们站在自己的家长面前,整齐地打着手语。即将告别你人生的又一个重要阶段,我又伤感,又欣慰,再次没出息地泪奔。自己的付出,只有自己知道,很难对他人讲。我其实很抱歉自己的失态,让你不知所措,这真不是剧情本来的设计。作为一个自控能力不弱的人,一遇上那种时刻,我的自控能力怎么就被清零了呢?

初中的毕业典礼,你说学校没有邀请家长参加。有时候我瞎想,你是否谎报军情,怕我再次丢人? 哈哈,我知道你不会。

我自诩为不拘俗礼的人。可是在有些重要时候,仪式感还是必要的。它就像金沙那样,会从记忆的长河里沉淀在沙滩上,闪闪发光,标记着你走过的路。我喜欢这个成人礼。

当香气袅袅地散发开来,古乐悠悠地响起,身着汉服的女孩子们优雅地跪在蒲团上,徐徐地梳理如云的长发,这种意境,说不出的美。把她们比成含苞待放的花朵,其实太俗气,但我词穷了,找不到更好的比喻,只是觉得心柔软得一塌糊涂,好像自己也有颗掌上明珠似的。有个女儿,该多么好!

而当她们开始跪拜父母时,我看到一个女孩儿用眼睛搜寻看台上的父母,定住,轻抬长袖,双手合拢,慢慢、深深地拜了下去,那么虔诚而充满感恩,我的眼睛开始发热了。你们即便开始是当成 cosplay 玩的,也会不知不觉地进入角色吧。人生本来就如戏。

等到男孩们登场,画风立刻变得孔武有力。但很快就出戏了,有几个男孩儿头上的"冠"一直系不好,屡屡滑落,引得家长们直接笑场,庄重的气氛加入了一些喜感。看来 bug 总是难免的,"剧情"的发展有时会出人意料,人生也常常如此啊,只不过没有剧本而已。发生的,接受就好。

这样一来,我就不担心自己会泪洒成人礼了。

看到我的儿子,堂堂七尺男儿,笔直地跪在蒲团上,恭敬而大气地行着跪拜礼,我心潮起伏,万般感慨,仿佛自己 18 年的"赫赫战功"得到了一枚勋章。尽到了自己的责任,受此大礼,我当之无愧!

我忍住了想给你来个西式拥抱的冲动,在顷刻间就改变了心意:还是有个儿子好,尤其是你这样好的儿子。跪得这么惊天地,泣鬼神,这么气宇轩昂,气度不凡,周末回家再来几个吧,让我们一次过足瘾。否则,过了这个村儿,就没有这个店儿了,大概就成"封建残余"了。

也跪了也拜了,男儿膝下有黄金,所以不能白跪,送你点"金玉良言"吧,不要是不可以的。我尽量避免 blabla,直接上"优质鸡精",即冲即饮,那可是我浓缩的人生智慧啊。

1. 不要把自己拥有的机会和条件当成理所当然。

你的妈妈,我,不是那种毫不利己、专门利人、勇于牺牲的"传统妈"。我虽然爱你,但不会把你当成我的一切,或把你当成我世界永久的中心,而围着你来转。

我们对你法律上的养育义务,在你 18 岁成年之日,就已经结束。我们供你读大学本科或研究生,就算是"天使投资"吧。只是这种投资带来的回报,是你将来事业有成带给我们的满足感和欣慰,而不是分红。

你看那些创业者,都是在投资人面前百般示好,巧舌如簧,想方设法把资金"忽悠"到手。聪明的创业者,会珍惜这个机会,善用每分钱,给投资者带来回报的同时,积累自己的经验、财富和信誉,那样会得到更多的投资,离成功更近。

所以,要以创业者的心态,珍惜来之不易的初始投资,善用你的头脑和时间,发掘你的潜力,去创造你的未来。

2. 有欲有求,是人生的必经阶段,要敢于去追求,然后跨越。

我们都不是世外高僧,而是在滚滚红尘中,一路摸爬滚打。你喜欢好的生活品质,这是好事,是一种动力。对于不曾拥有的东西,作出不屑状,我觉得不是清高,而更可能是"酸葡萄心理",是不自信的体现。富有了,才可以视金钱如粪土;能住得起大房子,才会参透人生只需要一张床而已;能吃到山珍海味,才会独爱粗茶淡饭；看尽了人世繁华，才会流连在灯火阑珊处。

我们尽力不让你有匮乏感，是不希望你将来用物质补偿内心的匮乏，这样就能早点超越追求物质的阶段。因为人的需求先是物质方面的满足，再是从低到高的精神满足，直至自我实现。

所以，任何一个成年人先要做的，是经济独立，这是真正踏入成人社会的通行证，否则你将一直是个 baby。

然而物质并不是我们追求的目标，而只是个基础，是个工具，它能够保证我们一定的生活品质，支持我们更高层次的追求。把工具当成最终目标，该有多么缺心眼儿！

3. 权利与义务是对等的。绝对的义务，意味着绝对的权利。反之亦然。

最近我听说了一件事儿：一个朋友的儿子到了谈婚论嫁的年龄，但是朋友夫妇对儿子自己选定的女孩儿看不上眼，并且关于订婚、结婚等具体细节，与女方家庭没有谈拢。尽管儿子对这个女孩儿爱得死去活来，朋友夫妇却坚决地拆散了这门亲事。朋友的儿子跟父母差点闹翻。

我们姑且不论谁是谁非，但你知道问题的核心是什么吗？这个儿子的工作是他父母给找的，在家里蹭吃蹭喝，不但不交一分钱，还常常接受父母的经济补贴。房子、车子也都是父母给买的。这就是为何父母能够控制、干涉孩子生活的主要原因。

所以，我不"滥尽"为人父母的义务，也不"滥用"为人父母的权利。如果我"无穷尽"地对你尽义务，那么我必然也会"无止境"地向你索取权利。你把自己该承担的义务和责任，让父母来承担，那么你必然要让渡出自己的很多权利来，比如自由选择的权利。不是父母不够高尚，或斤斤计较，而是凡事都有代价，人性如此，身不由己，概莫能免。或者说，成人世界的游戏规则就是这样的，不想 out 的话，就得这么玩。

自由选择的权利，有了它，你可能浑然不觉，而失去了它，则像带着枷锁生活在监狱里，会让你质疑生命的意义。这些权利，不是上天的赋予，而要靠自己的实力去争取。

我想跟你说的，还有很多，很多。人生的无奈之处在于：上辈人的经验，有些确实是智慧的结晶，但由于上辈人表达方式的陈旧和滞后，使这些经验像款式土气、落满灰尘的军大衣，往往无法吸引年轻人的注意力，而被丢弃。等被生活虐得死去活来，年轻人才觉得：爸妈说的那些话，还是很有道理的。然而彼时，"年轻人"也就不再年轻。然后，循环……

所以，优秀的孩子，一般都有着善于给孩子量身定做"潮服"的父母，把自己的人生智慧不断更新、升级，让孩子心悦诚服、心甘情愿地"穿上"，从而知进退，知行止。这是我一直在学习的技能，并且会继续努力。即使你已经成人，我也要当好你一生的顾问。你可不许解雇我哦！

祝贺你进入成人世界。它不都是美好，却很真实。付出，不一定得到即时回报。但不付出，则肯定一分钱的回报都不会有。

你，准备好了吗？

31　关于 18 岁的遐想

亲爱的孩子,不知不觉,我们已经做了 18 年的母子。18 年的时间,我历经了无时无刻不被需要、常常被需要、偶尔被需要和基本不被需要了的全过程。年满 18 了,说得极端点,你可以揣上身份证,拿上护照,不要父母的同意书,就可以满世界瞎逛了。当然了,这其中还有个绕不开的现实问题——money,决定了你暂时还不能随心所欲地"来一场说走就走的旅行"。

因此,18 岁只是法律意义上的成年人,经济独立了,才是社会意义的成年人。

而思维独立,精神独立,情感独立,就是说心智成熟了,才是真正意义的成年人。这,并不会自然而然地发生,也没有什么年龄界限。因为我见过的不少进入不惑之年甚至知天命之年的成人,其实也还没有成年,唉!

所以,在你 18 岁生日的这一天,我想说:祝贺你成年,希望你早日成人!

也举办生日宴了,也送礼物了,剩下的,你知道的,就是语重心长了。被你猜中了! 哈! 其实世间的道理,如果不经当事人的亲身体验,是很难被深刻理解并践行的,除非你特别虔诚地信仰这个传授道理的"对象",比如佛祖,比如耶稣。即使这样,能理解并践行《圣经》中提到的"有人打你的右脸,连左脸也转过来由他打"深刻道理的信徒,也是少之又少的。

作为很有自知之明的我,并不敢指望所说的话能被你理解多少,认同多少。不如这样吧,你先把这些话记住,然后用以后很多年的经历和体会来证明我是错的,或者不完全是对的,可好?

一、永远不要找理由

其实我们经常能够为自己的不优秀找到理由,比如"爹妈不行"类的,包括基因不行,遗传不行,家庭不行。不是说这没有道理,事实上这非常有道理,一个人的先天条件是会对他的发展起决定作用的。

问题是:

1. 你年轻的时候,是很难知道父母究竟遗传给了你怎样的基因,家庭环境造就了或制约了你的什么。

举个例子,也许有的人一辈子也不会知道,他的爸爸其实是有着高智商的,但是因为他做事不能坚持,或者缺乏安全感,完全不敢信任别人,不会与人合作，导致各方面发展并不顺利。关于这些，他自己不知道，他的爸爸不知道，他爸爸的爸爸也不知道。可能谁都很难作出客观的判断，因为我们对于一个人的判断，常常带有主观色彩。如果儿子仅仅以父亲到达的高度，来确定自己的人生"天花板"，岂不是悲剧？因为制约父亲发展的那些条件，不见得仍然制约儿子的发展。

因此，去纠结基因、家庭什么的，是很傻气的。当然，你为了给自己打气，拼命去找寻父母那些优秀的行事方法，来鼓励自己，给自己积极的心理暗示，是聪明的做法。

2. 找理由很容易成为一种习惯，会把你拖入自欺欺人的泥潭。

找理由实在是一件太容易操作的事了，理由遍地都是，随手拈来，不知不觉就成了瘾，跟人性中的懒散和逃避一拍即合。什么都是别人、都是客观原因造成的，从来不是自己的原因。这样久而久之，就陷入泥潭，拔不出腿来了。

而自省，就像是在伤口上抹消毒药水，有那么一瞬间，令人疼痛，却让人头脑清醒，看清自己的不足，心智才会慢慢走向成熟。

给你讲个同龄人的经历吧。

一个男生很喜欢听歌，唱歌。于是他的妈妈在他初中毕业那一年，送给了他一把木吉他，还找了老师教他。一个暑假过去了，并不用心的练习，使他不能流利地弹出任何一首曲子。这都没啥，他的妈妈并没有给他施加任何压力，他们认为对于这个年龄的孩子来说，自己需要做的只是提供条件。其他的，在于他自己。

后来，他更加喜欢听歌、唱歌，想象如果自己拥有一把电吉他，一定会激发自己练习的热情，自己也能像那些洒脱不羁的吉他手一样，在台上随随便便地弹出一首首令人热血沸腾的乐曲，摆出一个个潇洒撩人的造型。他向妈妈屡次提出买电吉他的要求，却屡次都被拒绝。因为他的妈妈通过查询得知：练习电吉他的难度更高，连木吉他都没有耐心练习的，只能说明对弹奏吉他不够热爱。对于业余爱好者，有没有天赋倒不是问题。既然不够热爱，家长为什么要为了满足他的想象，而再去投资呢？那是纵容和娇惯。

就这样，两年过去了。他18岁的生日即将到来。问他要什么礼物？还是那句不变的"要电吉他"。

这次他的妈妈改变了主意，开始从另一个角度来看待这个问题。于是，他得到了自己梦寐以求的电吉他和音响、效果器等配件。不出所料，有空闲的时候，他宁可听歌，唱歌，抱着IPad或手机，也没有去动动那把电吉他。妈妈这次终于面对他了："不是哭着喊着要电吉他吗？为什么却连碰都不碰？"他振振有词："好几年想要而没有得到，都把我的梦想磨灭了！"

你看，人想找理由，总能轻轻松松地找到，再容易不过。这种"能力"与生俱来，不用教，就连孩童都会，不要说高中生了，稍微一练，就"炉火纯青"了。他的妈妈之所以给他买这把电吉他，是不希望他抱着虚幻的"未被满足感"迈入 18 岁。而问题的实质，是他不够热爱弹奏吉他。这一点她一开始就知道。她还知道，像这个年龄的孩子一样，他喜欢听歌、唱歌，并且把这一份热爱泛化到了弹奏电吉他上，想象自己是那个万众瞩目的吉他手或乐队主唱。

这些都很正常，无可厚非，可以理解。但是，她希望自己的孩子能看清：一直没能拥有电吉他，是因为自己不够热爱，不是外界的原因。遇到了问题，或者事情不能如愿，要先向内看，在自己身上找原因，而不是怨天尤人。善于找理由的人，全身都会散发着失败者的气息。

她希望自己的孩子能永远记得这个经历。那么这一切的投入，都将是值得的。

二、要敢于追求卓越

跟你透露一个秘密：你常看到、听到、读到的一句话"平平淡淡才是真"，这只是针对已经不能快速奔跑的年龄，是有前提条件的。

要么是曾经轰轰烈烈过的坦然。什么是轰轰烈烈呢？为了得到自己想要的（或者是一份事业，或者是一个其他的什么目标），去折腾，去拼搏，去付出努力，去最大限度地挖掘自己的潜力，并敢于承受失败和嘲弄，弄出了很多动静也无所谓，这就是轰轰烈烈。达到了目标以后，什么滋味都尝过了，不再年轻了，没有那么多的"鸡血"好挥洒了，可不是要平平淡淡下来么？

要么是在精力充沛、可塑性强、跌倒了马上能爬起来的年龄，该尝试自己奋力跳起能摸到多高的时候，没有尝试。时间久了，温水煮青蛙，想跳出去也跳不动了，只能自我安慰：平平淡淡才是真。

此平淡非彼平淡。你想要哪样？

举个例子：在一个大公司里，不是位置越低，压力就越小，比如李嘉诚和他公司里的清洁工。压力无处不在，无论你处在金字塔的底部还是顶部，只是压力的性质不同而已，是为柴米油盐而伤脑筋，还是为公司未来的走向，高处不胜寒？你不能说柴米油盐的压力就是微不足道的吧，对李嘉诚来说，确实微不足道，而对清洁工来说，可能就性命攸关了。

所以，既然人生总要承受压力，为什么不为更大的目标来承受压力呢？那样，你的承受能力也会与日俱增，会更强大。

再给你举个例子。一个男孩儿，面对两个同样喜欢的女孩儿，一个是自信、聪明而优秀的，一个是自卑、不聪明、普通的，你说他跟哪个女孩儿谈恋爱，会相对愉悦呢？这个问题，其实有点伪命题，也不够严谨，但真的有很多男孩儿（包括成年男性）会肯定地认为，跟后者谈恋爱会更愉悦，因为他们觉得，自卑、不优秀的女孩儿，不会给他压力，可能还会处处逢迎，让他有优越感。

其实这是不一定的。首先，自信的女孩儿有着由内向外的美丽。另外，聪明的女孩儿可能更善解人意，她知道该怎么跟你沟通，让你如沐春风。至于与优秀者同行，这能让你视野广阔，受益匪浅，令你不断提升自我，有点压力又何尝不是好事呢？而后者，别的不说，自卑的人很少会去爱自己，也就不会懂得如何健康地爱别人。你会为那些沟通不畅，那些不能互相理解，承受更大的压力。

反过来说，只有让自己足够优秀，在面对自己喜欢的女孩儿面前，才能自信满满。所以，从现在就开始吧。且慢！不是说让你去找寻，去表白，而是说——现在开始积累自己的含金量。天涯何处无芳草！

亲爱的儿子，18 岁生日快乐！

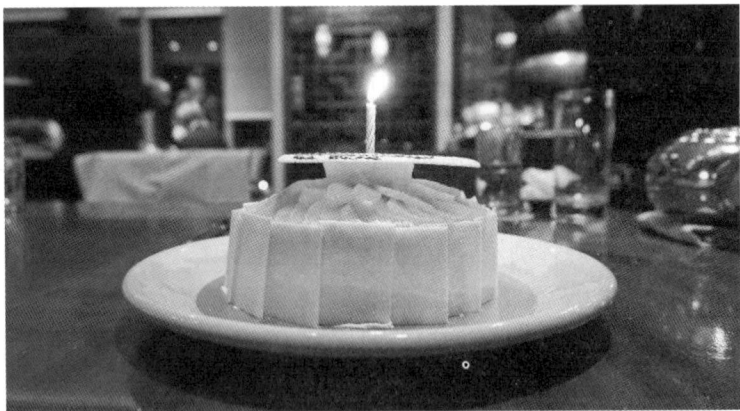

下一个生日，不知道你会在哪里过，会遇到什么人。想到这里有点伤感。即使你是一个人过，也要记得我们的祝福和我们的爱，给自己买个最好吃的蛋糕，然后大口大口地把它吃掉，对自己说：生日快乐！我的生命是有价值的！好吗？

32　爱你就放飞你

某日开车接孩子返家,偶然听到广播里的公益广告:妈妈年轻时擅长舞蹈(或者想当个研究《红楼梦》的学者),但为了孩子,放弃了当舞蹈家或者学者的机会。年迈的妈妈,深情地对孩子说:养大你是我最大的成就!(画外音:所以,我们要对妈妈好一点。)

我们当然要对妈妈好一点,因为那是我们的妈妈,这不用什么理由,而是我们内心的需求。非要找个理由的话,多年以后,不要留"子欲养而亲不待"的遗憾。

还好,我的爸爸妈妈貌似没有为我作出过什么重大的职业生涯方面的牺牲,否则,因为我的存在,而使中国少了一个著名的舞蹈家或者学者,那我的罪过可就大了去了!我得作出多大的成就,才能对得起这份沉重的牺牲呢?最郁闷的是,做儿女的永远没有办法证实:即使妈妈或爸爸不要孩子去追梦,也不一定就能成名成家,成就他们自己的梦想。

这个广告的导演,不是用心险恶,就是头脑简单!

我淡淡地跟儿子说:真心想追梦的人,总会去追的,而不是把孩子当成不成功的借口。即使年轻时没有机会,现在也可以成为广场舞一枝花,或者业余学者吧。

儿子若有所思地点点头。

我知道,18岁的他,有很多事还不懂。

基于对自己的一份了解,我常常话里话外的,把自己的后路切断了。这样,即使他将来想走得再远,我也不能够、也不好意思出尔反尔地阻拦,而只有祝福。

尽管没有"生子当如孙仲谋"那般的豪情和期望,我并不希望儿子像我一样恋家。虽然,我对自己的选择没有半点遗憾;虽然,这座城市挺好的,有海,有山;虽然,在父母身边,心很安。

我们那届大学同学五十几个人,很多都事业有成。但像我这样留在父母身边的,很少。

不是因为我多么孝顺,或者有多么显赫的家族,舍不得离开庇荫,而是自己没有大出息,溜溜达达,走不出父母的视线,走不出这个城市。远方对我也没有太多的吸引力,顶多出去转上几个星期,工作或游玩,去去就回,绝不久留。

此心安处是吾乡，何况确实是正牌"吾乡"。始终觉得心安，有什么办法呢？

从小学到高中，家到学校的距离，15分钟内步行可到达。说来好笑，即使上了大学住校，家和学校之间，也不过五站公交车的距离。再后来，我家离爸妈家的距离，步行竟不过五六分钟。那是我们给他们买房子时的刻意安排，为了便于互相照应。

孩子小的时候，沾了他们很多光，帮忙照顾孩子，360度无死角的"贴身管家服务"，让我们工作起来没了后顾之忧。隔壁邻居雇的住家保姆，每个月6000大洋。假如把我爸妈的劳动付出换算一下，就算以前的物价低，折半计算，截至孩子12岁小学毕业以前，那也是四十多万啊！至于工作质量，那掏心掏肺的，跟为钱而工作的保姆，是没有可比性的。

但也不是没有弊端。孩子上学了。有一天，偶然在家的先生看到我爸一脸坦然和自豪地提着孩子的书包，孩子甩着小手，溜溜达达地放学回来了，于是向我"打小报告"。

我自此明文禁止我爸替孩子背书包，如果怕重，哪怕拿出几本书来帮他分担，但是自己背书包的形式是要有的。而且乘公交车回来时，如果只有一个座位，一定要自己坐下，让孩子站着。

我爸不好意思地笑了，慢慢地在改变。最惯孩子的，往往是那个姥爷或爷爷（尤其是年轻时对自己孩子严厉的那种），惯起来可以毫无原则，比起姥姥或奶奶有过之而无不及。怪了！

每个爸妈或常常陪伴孩子的祖辈，都须以发展的心态去面对孩子每个阶段的成长。如果有一个落伍的，对孩子的成长就可能是一种阻力，造成无谓的内耗，令人扼腕叹息。

而我的父母，总体是比较明智的。每当孩子犯混了，他们一看我"磨刀霍霍"的架势，立马收拾东西走人，绝不掺和，也不给孩子当"保护伞"，连念想都不给孩子留。这一点，我相当满意。

养育孩子，取得上一代人的理解和支持，发出同一种声音，是很重要的。所以我家三代人的相处，基本还算扬长避短，各得其所。

爸妈也很知足，自己的孩子们都在身边，常常可以见到，认为自己有福气。他们要的，也就那么多。

我自己走不出家门，还挺享受在父母身边的生活，心里知道远方也就那么回事儿，却不敢拖儿子的后腿儿，鼓捣儿子走远点，世界那么大，多去看看，然后选择自己想要的生活。爱他，所以让他拥有更多的选择。

"在这个世界上,所有的爱都以聚合为最终目的,只有一种爱,是为了分离,那就是父母对孩子的爱。"深以为然。我很怕有一天,已经成年的孩子前来质问我,或者质问他自己:为什么当初我没有走得远一些,去见识更多的世界呢？母爱,该是一种推动力,而不是束缚。

某日去医院体检。一个年迈的老人坐在身边,问我是否轮到她了。我看了一下大屏幕和她手里的号,告诉她还没有。然后她告诉我,自己今年80岁了,孩子在国外生活。言语间并没有什么惆怅,而是淡淡地,很平静。

我看到大屏幕上出现了她的号,告诉了她。她艰难地想站起身来。我扶了她一把,目送她进了诊室的门,然后听见了护士并不怎么耐心的催促声。心里无端地有些疼。她,也一定很爱自己的孩子吧。

老亦何惧,孤独亦何惧？只要能为孩子的起飞开辟出一片高地,那便是为人父母的使命所在了。爱你,就放飞你。

第四章

高考进行时

33 高三总动员

——写在高三开学前

　　高三要来了。除了厉兵秣马，磨刀霍霍，给孩子狂灌"鸡汤"，我还能做些什么呢？

　　于是给孩子写了封信。就算要灌"鸡汤"，那也得是我亲手做的。对成分，对原料，我自己有数，绿色环保无添加。

亲爱的儿子：

　　该奔跑的时候到了，你终于要升入高三了。经过了一个暑假的积累和调整，想必你现在正摩拳擦掌，斗志满满，做好了冲刺的心理准备。这个暑假，我们又去参观了复旦大学和浙江大学。几年以前，我们已经参观过清华大学和北京大学。一个抽象的名字，和一个亲眼所见、到此一游的美丽校园，显然后者更能给人带来奋力拼搏、争取被录取的动力。参观名校，其实也是我的爱好之一，是行万里路的重要内容。我很庆幸有机会与你同游，让你在作出最终的选择之前，可以见识更多的世界，让自己的选择更理性，也增加了一些心理能量。

　　高三是对学习能力和心理承受能力的双重历练。慢慢地，学习的强度会越来越大，心理压力也会越来越大。从我读到的那些往届"学神"的心路历程中可以看到，某段时间，也许会觉得有些不堪重负，甚至怀疑自己。假如这种感觉来临，去接纳它吧，这是正常的。破解之道是，你已经确定了自己前行的方向和大目标了，因此，不如去把大的目标分解成每天、每个小时的细小目标，比如把眼前的这几道题解开，把这些英文单词记住，把这篇作文写得漂亮一点。

　　实现这些可见的细微目标，会让你心思笃定，心态沉稳，消除杂念。它们形成了一个正确的轨道，只要你沿着它走下去，无论要转过多少道弯，必会引领你到达你想去的地方。

　　有人说，高考在即，是骡子是马，拉出来遛遛。其实，在高三这个阶段，做一头倔强的、有耐力的小驴也不错，沿着轨道，心无旁骛地走着。每天你身上的重物会增加一点点，而你会安之若素，一点点地适应。不知不觉地，就到达了目的地。而你的身上，已经能驮得起当初难以想象的重负。

　　不要幻想，像一匹白马一样，无拘无束地奔跑在蓝天白云下的草原上。这不是人生常态,享受绝对自由的感觉,只能在片刻间。也不要想象,会成为一匹出其不意而胜出的黑马。那是可望而不可求的。其实在胜出之前,黑马已经默默奔跑了很多路了,只是人们没去注意而已。

千万别瞧不起毛驴。美国民主党的象征,不也是一头驴子吗?所以,就像一头不高估自己的能力、充满耐力、普普通通的小毛驴一样吧,专注,专注,专注……就好。

给你讲个关于专注的故事,是关于老外 N 先生的。我先扯得远一点,说一下他的革命家史。N 先生的老爸,是个勇敢的人,经历过战争后,更加不知道什么叫害怕,也绝难容忍自己儿子怯懦。N 先生 5 岁的时候,跟街上的小屁孩儿打架吃了亏,哭着跑回家。

在阳台上观战的爸爸,"啪"地给了这个 5 岁的孩子一个结结实实的大嘴巴,质问:那个孩子并不比你大,也不比你高,或比你壮,你为啥打不过他?! 废物! 去揍他!

5 岁的 N 先生就像疯了一样地冲下楼去,把那个还在嘚瑟的孩子揍趴在地。(题外话:两者相逢勇者胜,看来没错,以后遇上非打不可的架时记住。)从此,N 先生就……迷恋上了拳头的力量。父母对孩子的影响,是多么大。

后来长大一些的 N 先生,最感兴趣的体育项目是举重、拳击,在那个年代,很快就以"骁勇善战"而出了名。巷战,打群架,是家常便饭,要么是为了兄弟义气,要么是为了所谓的"面子",或被别人当枪使。

但 N 先生有个特点,从不欺负弱者,而总是找强者挑战。

学习上,自然是及格万岁,对于智商并不低的 N 先生来说,小菜一碟。就这样,稀里糊涂地混到了高三。有一天,一个兄弟因为打架致人重伤,进了局子。N 先生大梦方醒,内心已经生锈的发动机开始轰轰地转了起来,能量大爆发,发誓要考上本国最好的几所大学之一。

N 先生远离了所有的狐朋狗友,心无旁骛地一头扎到了书堆里。他找到了"捷径",常常问自己的一个问题是:如果他是出题人,会怎样给考生"挖坑"。

慢慢地,那些"坑"就像被加了显影剂一样,清清楚楚地呈现在眼前,无处遁形。

最后自主复习的两个月,他是在远离市区的修道院里度过的。修道院给考生提供食宿,以便他们安心复习。他说,每天都是在修道院"当当"的钟声里醒来的,内心笃定、踏实、纯净,像一个入定的高僧,心里似乎什么都能装进去,什么又都不存在。于是,他的头脑变得无比清晰,思路异常敏捷,解决那些难题如摧枯拉朽,攻城略地。

结果,他逆袭成功,考上了全国最好的一所大学之一,改变了自己的命运轨迹。

这就是专注的强大力量。专注,让一个混迹江湖的"小哥",在不长的时间里,成长为学霸。而对于有良好学习基础的孩子来说,更是如虎添翼。

最近刚刚结束的奥运会,带给我很多启发,与你分享:

(1)所有的大魔王,除了天赋好,高强度训练必不可少外,战术、心理素质啥的,也要以此为基础。即使这样,也不一定总能摘得金牌。

(2)一点一点地升高你跳高的杆子,今天不行,或许是明天,后天,或下个月……不要轻易地说:这是我的极限。

(3)调动一切可能给你带来正面心理暗示的力量,比如,尽可能每次出场都把自己搞得清清爽爽,而不是灰头土脸。

(4)世界不是属于你的,大海也不是属于你的,但是此刻,帆船的控制杆就握在你的手中。

如果你遇到了风浪和阻力,大家都会遇到,这是常态,如果因此而泄气,就已经先输了。

(5)心无旁骛,像射击运动员那样,坚定地瞄准目标。世界会变得寂静下来。

(6)不是让你使出洪荒之力,学习跟体育竞技有很大的不同。但永远不要否定自己。而敢于自嘲,是强者的心态。

最后是关于奥运妈妈丘索维金娜的经历——七战奥运,送给我自己。年龄不是借口,一切皆有可能,为了孩子,也为了自己。

最后的最后(也是最重要的):

累了就……来罐红牛。哈哈,被广告毒害太深。我是说,如果大脑已经不能有效运转了,就是该休息一下了,不要假装用功。

压力太大自己无法疏导的话,要会主动求助,别像个傻瓜一样死扛。身心健康最重要! 你的路还很远,很长。高考是一场重要的赛事,但是输赢不在于名次,而在于是否能把自己的潜力发挥到极致。

开学快乐!

——爱你的妈妈

34　学习上的短板，不是"高冷的女神"，而是"邻家小妹"！

什么东西越少越开心？（当然不是银行存款了！）

是——排名！

高三上学期期末考试后，去开家长会。

刚在教室坐定，和几个同学一起在给家长分发成绩单的儿子，把成绩单递到我手里。这张细细的小纸条啊，让多少家庭为此而阴晴雨雪，简直就是天气预报！

虽然已经知道了儿子的年级总排名有了提高，但是——当我看到语文分数后面的年级名次时，不敢相信地睁大了眼睛，一把抓住了儿子的袖子："语文卷子不是批错了吧！"

儿子很有节制地笑了笑，意思是：正确无误！

这可是一直当秤砣、拖后腿不商量的语文啊！没想到这次成了"氢气球"，排名攀到了个位数，是他所有科目中排名最高的一科！也因此使总成绩取得了历史性的突破。

班主任老师表扬了儿子在语文方面不懈的努力，终于取得了进步，并叮嘱要保持住啊。这么罕见的成绩，能保持住，才怪！如果下次语文能保持在 5 倍的排名内，就是胜利。我在心里暗暗嘀咕，但我不说！

吃晚饭的时候，我咽下了赏识成绩的话，问他："你是怎么做到的？"

他仔细地啃着一块排骨，嬉笑地说："功到自然成！"

"正经一点好不啦！"

"我说的是真的！18 年了，功大概是到了！"

唉，看来，从这家伙身上是挖不出什么来了。他其实具体也不知道自己是怎么提高的。

儿子开始被语文折磨，始自初中。其他科目都是比较轻松地拿到了 A。而语文，就好像一个高冷的女神，费尽了心力，万般讨好，却常常被毫不留情地 B 掉。

到了高中，仍旧延续被"女神"狂虐的态势。

"去上辅导班吧，要不就一对一？"我用各种不经意，掩饰自己的小心翼翼。

"不去!"对方毫无商量的余地,铁板一块,还不加任何解释。反正就是不喜欢上任何辅导班。

唉,算了。心灰意冷、万念俱灰的我,反省自己在引导孩子语文学习中的问题,尝试着找回失衡的心理。

自此以后,我接受了儿子被语文"践踏"的命运,只是不切实际地希望,"践踏"就"践踏",轻点踩就好。

到了高三的上半学期,情况达到了极致。以往都能比年级平均分高几分的语文,这次直接狂跌到平均分以下!

我仿佛听见了紧急的哔哔报警声。不断闪烁的红灯在我眼前晃动!

这可不行! 我觉得自己这下真该出手干预了,否则太不称职了。

联想起上届理科"学神"也是语文掉链子,请辅导班老师补习的经历,我软硬兼施:"凭啥你就不去补习? 人家清、北"学神"那么牛,都去补习!"

儿子的口气听上去有所犹疑,好像有点松动了。之所以动心,还有一个原因:班里的一位不被语文亲的理科男,本次期中考试语文取得了突破性的好成绩。听说前段时间也是在外补习。这个同学的事迹太给力、太及时、太励志了!

趁热打铁,免得夜长梦多,当天就紧急联系了一个语文的辅导小班。

上课的地点不近,加上往返,要三个半小时。周六一下午的时间,没了。

"老师讲得好吗?"我问。

开始时,他的反馈还不错。渐渐地,他会疑惑地说:"老师很愿意指点人生哦,经常插播对社会问题、对教育的一些看法,好像与考试关联性不强呢。"

我心里想:你个语文"瘸腿",知道啥关联性强不强的。也许老师是在拓宽你的思路呢。

就这样,一个月过去了。月考,语文回到了原来的平均线以上(也没好到哪里去),但是,其他科目的成绩却有所下滑。

唉,还能让人省心吗?

儿子提出不想上语文辅导班了,想自己支配学习的时间,还精明地追了一句:"其实我觉得,我们自己班里语文老师讲的内容对考试成绩的提高,更有直接帮助。"直接对我实行"精准打击"。

跟先生商量的结果是,他对自己的学习状况最了解,也最有发言权。不上,就不上了吧。当家长的瞎忙一通,求个心安而已。

我以一句话结束了这次短暂的辅导:"辅导班老师很看好你在语文学习方面的潜力哦! (不能白上吧。)跟你们班语文老师的观点一样一样的!"

然后，我又恢复了"两眼一抹黑"的状态。

只是觉得跟儿子讨论一些问题时，他好像能够往深里想了，也有了一点广度。也可能是我的心理作用。

有时我好像想起了自己的高三经历，"郁闷"地告诉儿子："我们班当时有几个理科好的男生，到了高三，那语文成绩，上得蹭蹭的！都不知道他们是怎么做到的，几乎跟我的语文成绩不相上下了！看来，语文成绩的提高，也不是多么难。"

意在告诉他：一切皆有可能，不要给自己设限。

记忆这个东西，据说是非常不靠谱的，人会不自觉地按照自己的潜意识，修改自己的记忆。反正……就好啦！你懂的！

又一个月过去了，就有了这次期末考试的惊喜。

我不知道这是一次小概率事件，还是真的"功到自然成"。为了使它"长得"更像后者，我试着评估了一下儿子短短一个月上辅导班的"收获"。

1. 儿子从辅导班老师那里，具体学到了什么吗？

我数了一下，一共 4 次课，8 个小时。多乎哉？不多也。我想应该是有收获的。老师也许是打开了学习语文方面的一个视角吧，或者给儿子重建了一种思维方式。这，只是猜测。

也可能是，辅导班的老师，没有了教学大纲条条框框的束缚，对语文教学无拘无束的激情和自信，让他受到了感染。难不成老师把儿子心里的那盏灯给点亮了，终于使量变产生了质变？这，也是猜测。

2. 为什么不能在学校乖乖地跟老师学呢？

我相信儿子学校老师的专业水准。然而，书，非借而不能读也。

越是唾手可得的资源，越不被珍惜。只有要失去的，才是最珍贵的。

我要是校领导，就请水平明显不如本校老师的代课老师，来教上一个星期的课。然后，同学们肯定集体抗议："这教的是什么呀！我们要我们原来的老师！"

原来的老师再次站到讲台前，想必如同端坐于莲花宝座上的观音菩萨一样，光芒四射。同学们这时候的学习，肯定嗷嗷待哺，如饥似渴！（想象力爆棚有没有！就怕校领导不敢啊。）

或者跟孩子说："孩子，唉，我们家道中落，上不起学了，咱们退学吧！"不用说神马烧钱的辅导班！你当上辅导班容易啊，想上就上？

然后过几天，再跟孩子说："老天开眼，祖上有德，我们家那个破花盆儿，竟然是文物，值些钱呢！孩子，你不用退学了！"

你猜这时候，孩子是否会自动成为老师的"跟屁虫"，一下课就黏住老师问问题，对老师各种围追堵截，恨不得跟老师"共生"呢？（本剧纯属虚构，重在领会精神，如果生硬模仿，造成损失，概不负责！）

3. 儿子究竟多付出了什么？

多付出的时间成本，不必说了。

多付出的经济成本，倒是值得一说。当初辅导班的老师说：可以每次一交费，或每月一交费。我毫不犹豫地选择了麻烦的次交。

每次上课前，让儿子把几张"老人头"恭恭敬敬地交到老师手里，既直观又充满了仪式感，让儿子感受到了一些无形的压力，并且在具体的金钱和抽象的知识之间，建立起了直接的联系。

再加上前段时间，儿子扭伤了脚踝，一瘸一拐地去爬老师家没有电梯的高楼，也着实平添了一丝悲壮的感觉，想必潜意识里也认为自己是努力的吧。

为了不使自己已经投入的"成本"付之东流，是不是只有加大努力，并且持续地努力，才能不做 loser 呢？

如果自己平时能重视一下语文方面的学习，再多用点心思，而不是总想着逃避，是不是就不用额外花费这么多的时间和"老人头"了呢？也就不用瘸着脚去爬楼了吧。

原来，语文不是"高冷的女神"，而是"邻家小妹"啊。不是对方没给好脸，而是自己心不够诚，也缺乏行动力。

兜兜转转，终于知道了"她"的好。于是，心理上不再回避，有了主动性，终于就有了回报，看到了"如花的笑脸"。

我猜（当然，还是猜），这才是提高成绩最重要的原因吧。所有的外因，必要通过内因来起作用。没有内因，外因全部白搭！

结论：

不破不立。所有的低谷，都可能是为了起飞做准备，反而是机遇。只是可能，不是一定，关键看你是否警醒，是否采取有效的行动。

作为家长，不管孩子"瘸"的是哪条腿（只要未被科学的检测证实是先天不足），你只管理直气壮地相信他：孩子，你那不是真瘸，全是被忽悠的！不要自我设限！You can do it！

即使孩子睁大呆萌的双眼，无辜地看着你说："可是，老师好像不这么认为呢！"

你一定要这样说："别瞎说！老师都告诉我了，你很有潜力，只是功夫没到。去拼吧！"

如果你不相信我说的，请联系一下孩子的老师（无论是语文，数学，物理，还是英语）："老师，您觉得孩子有潜力提升成绩吗？"

老师会毫不犹豫地回答："当然有潜力了，只是功夫不到（或者方法不得当）而已！"

你看，老师跟我想得一样，只是老师没有那个时间去告诉每个家长。我只是把老师心里想的，自己大胆地进行了解读，说出来罢了。

让孩子相信自己的学习潜力，还有比这更有效的学习方法吗？

35　从"学神"妈妈那里能挖出什么

微信加了一个"学神"妈妈，揣摩什么时候偷着取点真经，不能白白地丧失了与孩子同校几年的好机会。

这枚"学神"，不仅学习成绩优秀，综合素质还特别高，才华出众，领导能力过人，属于直接奔着清华北大，绝尘而去的那种，普通孩子连其项背也望不到，只能望望"学神"卷起的尘土了。

我一定要问几个高水平的问题，挖出"学神是怎样炼成的"真相，以告天下父老乡亲。

我想问问：您的孩子为什么那么优秀呢？

不行不行，太弱智了！肯定是人家的父母优秀呗。优秀的基因，加上优秀的教育方法和优秀的家庭氛围，孩子想不优秀都难！

照照镜子，咱就一个凡夫俗子，优点一巴掌就数过来了，养孩子时，既没有"照书养"的规范，也没有"照猪养"的洒脱，这不是自讨其辱吗？再说，就是知道人家打小是怎么教育的，也不可能回炉重来吧。

要不然，我问问：您的孩子晚上学习到几点？

不行不行，这个问题比上一个还白痴。"学神"学到几点，对普通孩子没有什么参考价值。首先，"学神"一般是不会熬夜的。他们善于在有限的学习时间里，高度专注，高效地学习，深入地思考，而不是仅仅用时间去换取成绩。再说，即使"学神"精力过人，有神功护体，晚上只睡四五个小时，咱孩子也做不到啊！这个问题 pass！

那么我问问：您的孩子，上辅导班吗？

不行不行，这也没有意义，上辅导班的孩子多了去了，有的一天到头、所有的科目都在补，养活了众多的培训机构，却越补越迷茫。找不到好老师，或没有目的性，或孩子的内驱力没有被充分激发，连提高成绩都不易，不用说炼成"学神"了。

一定要问个有深度的，可以发挥的，比如——您的孩子有哪些好的学习品质？

不过，这还用问吗？自律专注，坚持不懈，善于思考，举一反三，当然还有勤奋刻苦。唉，多余！

我要是再接着问问:那么这些品质是怎样被培养出来的?估计"学神"妈也不见得三言两语能说明白吧,恐怕得写上一本书,或至少写上一篇论文吧。就剩两个来月了,肯定是来不及从头做起了。

据说,知道的最高境界是,不知道自己知道。恐怕"学神"家长都是这样的,凭本能做事,学不了。

不信我就想不到好问题了! 在拽掉了几绺头发之后,我终于想到了:怎样让孩子在学习方面有强大的内驱力?

这有技术含量了吧! 但是两分钟之后,我就自己回答了自己的这个问题:

(1)志存高远,目标远大,可以激发内驱力。

(2)从小建立良好的学习习惯,比如逐步培养起深入思考的能力,在学习中会给孩子带来胜任感,就更愿意去挑战难度更高的学习目标,成为良性循环。

(3)父母适当退后,给孩子留有成长的空间。

看来我的理论水平还是不弱的! 这充分印证了那句话:懂得了很多道理,却依然过不好这一生。套用一下就是:懂得了很多教育理论,却依然培养不出"学神"。

我终于明白了:"学神"妈妈存在于我的朋友圈的意义,是让我说出下面的话——孩子,请不要怪我没有让你成为"学神",我也不会怪你没有让我成为"学神"的妈妈。

昨夜我向上帝祈祷,祈祷我家孩子高考考出好成绩。

上帝说:No! No! No! 只要那个孩子豁出去了,心无旁骛地撸起袖子大干三个月,那么将要得到的结果,就是最好的结果。如果那不是他想要的结果,只是因为他暂时还看不了那么远!

（谨以此文献给惨遭高三一模"狂虐"的学生们和父母们!）

36　你觉得累，不一定是因为在上坡，而可能是背负的东西太多

距离高考、中考100天的时候，五颜六色的"百日誓师大会"隆重登场。我所知道的最善于激励的，大概是直销公司、保险公司的培训师，因为那些开展业务的宝宝们不知道要遭受多少的拒绝和白眼儿。每天不被洗一遍脑，不用鸡血护体，恐怕一天下来直接元神大伤，人员流失得更是哗哗的。

考生们需要吗？突发奇想。不如家长们凑钱，请上一些优秀的培训师，每天早晨在各班教室门口给学生们打上5毛钱的鸡血，然后狂呼口号："我要上北大！我要上清华！我要上X大！"最起码，能解决睡眠不足的"特困"问题，精神抖擞地开始一天的学习。相比之下，那些一次性的誓师大会岂不弱爆了？

因此，想再给此时的考生们写点啥。

一、关于幸运

幸运是指：一分耕耘，一分收获。即你的勤奋和努力，在耐心消磨殆尽之前，适时转化成了可量化的结果——分数的提高。幸运不是指一分耕耘，十分收获，那叫买彩票中奖。

不幸是指：你以为自己很努力了，其实并没有给出足够有品质的思考，而有品质的思考，是量变产生质变的催化剂。因此，你只是做出了努力的样子而已，却不自知。

更大的不幸是指：你努力的方向和方法是正确的，但你失去了耐心和信念，而放下了你的铁锹，其实你只差最后一下，就能达到目标，挖到钻石。所以除了坚持，我们别无选择。

二、关于努力

努力就是大处着眼，小处着手。

一个胸怀大海的渔人，出海前除了向天祈福，并发下宏愿，憧憬收获满满，更该做的是细细地检查自己的渔网和渔船，修补好所有的破洞。

一个敢对自己知识点的漏洞视而不见的考生，凭什么幻想在高考的这个鱼季中满载而归？机遇从来不会垂青一个连自己的渔网都懒得补的渔人。

三、心累的感觉

你觉得累,不一定是因为在上坡,而可能是背负的东西太多。其实你没有义务光耀门楣,或承载父母未能实现的梦想,以及让他们为你骄傲。

此刻的你,是一个狙击手。不用关心整个人生战事如何,高考的重要性又有几何。你只需要心无旁骛地瞄准你的目标——那堆书和卷子,扣动扳机。把世界抛在脑后,你就赢了这场战役。

四、关于选择

要出发了。一条宽阔平坦的大路和一条荆棘丛生的小路摆在面前,你会选择哪一条?

让自己按照走小路的心态,去做准备吧。唯有这样,出发时你才会带上所有必要的工具去披荆斩棘,不盲目乐观,去应对可能出现的任何情况。

而那条大路,你怎么知道转过去以后,没有荆棘呢?

所以,你暂时觉得轻松,不一定是因为你的能力比别人更强,而可能是忘带了一些重要的工具。

五、过程和结果

没有好的过程,很难指望有好的结果。好的过程,应该带来好的结果。那些所谓的意外,其实都是前期无数考虑不周的选择的叠加。

事前和事后的心态应该是不同的。高考前,要竭尽全力,争取最好的结果!而高考后,才会有脸说:接受任何的结果。

六、关于心态

如果要咒骂人生跑道的不公平,让你落后在了起跑线;或者要谴责教育体制的不合理,扼杀了你的创造力,那么只有拼尽全力站在了领奖台上,你的声音才会理直气壮。你才可以去放弃那个奖。

如果你跑了一半,就不肯再跑,恨恨地说:"呸!什么破路!什么破规则!哥不玩儿了!"那也只能暴露你的弱小和实力不足,而不是特立独行。

不曾拥有的东西,又谈何放弃?所以,该奔跑的时候,就奔跑吧!

37 一模、二模、三模全部遭遇"滑铁卢"

高三上学期的期末考试,是儿子最好的纪录,年级综合排名第8。被常年拖后腿的语文(一直徘徊在平均分上下),终于拖了一次"前腿",考了129分,年级排名第8,放了卫星。

然后,人家寒假也早出晚归地跑图书馆了,看上去是在"学习进行时",旁敲侧击后,貌似也没有发现有其他干扰。

但是一开学的期初考,立马"山河巨变"。不仅语文跌回了平均分以下,"一夜回到了解放前",而且全部科目都不理想,给了儿子当头一击!

我当时心里有些怀疑:儿子寒假尽管每天都泡图书馆了,但也许是用心程度不够也说不定呢。大概上学期期末考爆,心理上多少有些放松了。

一般来说,儿子的学习成绩都呈波浪线状起伏。这一次差点,下次就会引起足够重视,会好一些。于是,我静等高考前最重要的一模考试。没想到,一模丝毫没有起色,仍然是考砸了,80名左右。

我们没少分析过原因。分析来分析去,发现没有什么是确定的。如果说期初考失利的原因是思想上的放松,导致立刻被施以颜色,那么一模考试儿子是相当重视的。为什么还会这样? 儿子的分析是,这次一模考的题型比较偏,不太适应。后来我在家长群里看到,有的家长转述孩子班老师的话:这次一模的题型很偏,因此成绩没有多少参考的价值。

再后来,学校及时给家长举办了心理辅导讲座。心理老师在讲座上引用了我最近的一篇文章《从"学神"妈妈那里能挖出什么》,鼓励家长们要淡定,不必把一模的成绩跟高考成绩画等号,因为一模出题的质量和专业性与高考相距甚远。非常感谢学校这方面周全的考虑,也非常欣赏心理老师的专业指导,用丝丝细雨,浇灭了我心里焦虑的小火苗。

太好了! 我如获至宝,定向地给儿子投放了"心理能量棒":别的班老师都说了,一模的成绩没有参考价值,心理老师也是这样说的,所以放下吧。看得出,儿子就像被打了一针强心剂,慢慢地恢复了信心。

二模考完,儿子的成绩几乎没有提高。"一模都没有参考价值,二模就更没有了!"我安慰儿子。

每个周三晚上我会把住校的儿子从学校接回家,"修整"一下。那是一段难忘的经历。等在学校的外面，校门口那段很长的台阶，在夜色和昏黄的灯光下，显得宁静而又有些沉重。孩子们陆陆续续地出来了，有的爸爸一把接过了女儿的大书包，牵住女儿的手，或搂住女儿的肩膀，那种关切和爱护，令人动容。儿子嘛，大书包就自己背着呗。

我察言观色的能力突飞猛进。儿子有时心情不佳，累得一句话都不想说。心情郁闷是可以理解的。于是我尽量少说话，让他自己静静地听广播里放送的音乐，调整自己的心情。

一直只肯用七分力的儿子，我感觉已经是开足马力、全力以赴了。他自己也是这样说的。看到他疲惫的脸上，写满了压力和郁闷，我想我不能只是爱莫能助。

有时候，看他心情还不错，我会给他分析：前面五个学期，都学得比较认真，也考过十几名、二十几名、三十几名，这说明实力是有的。上学期期末的好成绩不是完全偶然，虽然也有一定的运气因素。这个分析给了他不少底气。

有时候，我会发个短信给他，回顾他小时候的成长经历，看看他自己是如何从一只笨笨的、除了身高体重什么也不领先的"大鸟"，一步一步耐心地学会了快跑，然后又学会了低飞。

我不能明确地知道，这有什么作用。但直觉告诉我，打通自己生命的连接，看看自己一路走过的路，大概会获得一些能量和暗示：如果我努力到了，上天必不负我。

同时，我拜托儿子的老师们多鼓励一下儿子。我不知道，老师们能否看到他在学习中存在什么问题，即使看不到，不能直接指导他的学习方法，也没有问题。老师的一句鼓励的话语，一个鼓励的眼神，摸摸孩子的脑袋，拍拍他的肩膀，就够了。作为家长，我别无他求。

老师不是他的父母。父母因为爱他，无论什么情况都会鼓励他，充满了主观性，反而有时不怎么可信。但如果是老师说：我相信你的实力！那么老师肯定不会瞎说，自己就还会有些实力吧。

感谢老师们的鼓励和付出。虽然老师们都很忙，但可怜天下父母心，老师们一定会理解我、配合我的。是的，老师们是在配合我，跟我合作，而不是我在配合老师们，跟老师们合作。因为，孩子是我的，不是老师的，也不是学校的。跟老师多沟通一下，求鼓励，要比不声不响地闷着，更有效果一点吧。除非是"学神"，自带光环，每个老师都自动关注。

几乎所有的老师，都被我在某同学面前用遍了。班主任就更不用说了。即使是走个过场,通知孩子参加个学校前 50 的孩子才有资格参加的清华、北大自招的讲座,我也告诉孩子:你看,老师是相信你跟那些清北的苗苗,差距没有多大!(要是说:老师相信你很有实力冲击清、北,貌似就不太客观了,也怕给孩子增加压力。)

就连我参加了学校针对家长的考前心理辅导课,我也要让心理老师"出把力",煞有其事地告诉孩子:心理老师说,你这种情况是触底反弹,就快弹起来了! 老师还说,模考的试卷水平也不必太当回事儿,高考试卷才是正路子。

就连校长的名义,以前也被我借用过,用来给儿子打气。儿子可能不记得了,但他的潜意识也许记得。

我感觉自己,一切的心理暗示,能用的都用上了,能积极赋义的,都积极赋义。"忽悠"的水平,达到了新的高度。作为家长,多少年的学习和领悟,在这一刻,经历了严峻的考验,简直是另一种高考。

家长的点滴焦虑,都会放大并传递给孩子。靠演技,是不行的,太容易被敏感的孩子们识破。唯一能做的,是让自己心态淡定。

我反复地回想孩子走过的路,他小的时候,是那么普通,没有显现出什么过人的天赋。我们一起经历了那么多,走到了现在,已经远远超过了我当初的预期。我已经得到了超值的回报,还有什么不淡定的呢?

还有些焦虑,就写篇文章吧。写完了,就好多了。

然后,三模的成绩,只提升了几名,几乎没有什么起色,稳居谷底。唉! 学了几个描述高三成绩停滞不前的词汇:"撞墙期""高原期"。看来,只能用它们来解释这种现状,来自我安慰了。

我试探地问儿子:"你会觉着自信受到影响了吗?"儿子的回答,让我松了口气:"没有啊。我觉得自己学得还不错,但是不知为何,就是考不了高分儿了! 一道大题错了,十分儿就没了!"

只要仍然自信,仍然相信自己的实力,就好。我忽然脱口而出:"不去管成绩了! 不然就直接给自己加上 10 分,当自己考试时脑子没有抽,这道题做对了,不就好了? 排名一下能提高 20 多名吧!"儿子哈哈大笑,连说"对对!"

甚至对于儿子成绩最差的语文,儿子也表示:自己并不讨厌学习语文,只是苦恼于成绩提不上去! 我的心里很高兴。学习的体验还不错,没有产生厌倦,这是最重要的。

我也早已不去考虑最终的结果了。每天做好自己应该做的事儿,一切的结果,都自有它的道理。也许我们暂时不知道而已,但总有一天会知道。

38 岁月的奖赏

距离高考,还有 100 天左右了。假如你在焦虑不已,承受着巨大的压力,那么下面的这首诗,送给你。

时间总是过得太快,想说的话,来不及全说,想做的事,来不及全做。此刻唯有静静地陪伴孩子,并去体验和拥抱你的焦虑和你的压力。总有一天,你会怀念。

终于,18 岁的你,
离开了家,
去了千里之外的一个遥远的城市,
追逐你的梦想。

你的屋子忽然变得整洁,
所有的东西终于待在了它们该待的地方,
不见了堆成小山的卷子和课本,
你的书桌空空荡荡。

不再有个孩子,

放学回来在屋里翻箱倒柜，
然后气急败坏地大喊：
妈，谁把我的充电器乱放？！

不再有个孩子，
清晨裹着被子婴儿一样地酣睡，
我默默多数了好些个数，
才忍心喊他起床。

也不再有个孩子，
惴惴不安地拿回了成绩单，
用假装的逆反和满不在乎，
掩饰着自己的失落和慌张。

梦醒了，
午后的阳光暖暖地洒在我的身上。
我抹掉眼角的泪笑了，
因为你还在我的身旁。

成长从来都不是容易的事，
那些雕塑自己的疼痛，
很多很多年之后，
将会成为岁月授予你的勋章。

而那些焦虑和压力又有什么呢？
原来我只是一个矫情的妈妈。
能陪你走过十八年并迎接所有的挑战，
那是岁月对我的奖赏。

我开车送你回学校，
聊着聊着却悄悄放慢了车速，
疲乏的你，

转眼就进入了梦乡。

我想轻轻唤醒你，
跟你说：I am with you!
却只是调低了，
广播的音量，
然后贪心地看了一眼又一眼，
洒在你脸上的阳光。

39　在高三的煎熬中，走向成熟

——写在 2017 年高考前一个月

要是没当过高三党的家长，就不敢说是个久经考验的成熟家长。这段经历颇有点凤凰涅槃，浴火重生的感觉。

离高考还差一个多月，扪心自问，自己为孩子所付出的时间和精力，充其量不过是个平均数。

即便如此，也有若干杂七杂八的心得，记录下来以此为证，亦供后来者参考。

（1）需要大量的可自由支配的时间，尤其是高三的第二个学期。常常是身在曹营心在汉。"身"还在工作单位，心早就不在了。

很多时候，就连"身"也不能留在"曹营"了，常常要翘班。因此，要有心理准备，提前做好工作安排。

（2）学校"正规军"的活动自然要尽量参加，什么家长会，心理减压讲座，高考政策解读，各种高校的宣讲，花样繁多。不参加，肯定无法从中获得收获；参加了，其收获跟付出的时间是明显不成正比的，但没有办法。不参加，会更焦虑。

（3）需要混迹在各种高考群里，坚定地越过各种没用的信息，耐心地爬楼，去寻找点点滴滴有用的信息。如果不够坚定，就会被大量没用的信息、八卦和争论，毫不留情地淹没。如果没有足够的耐心，就会错过有价值的信息。

如果平时不爬楼，不研究，事到临头急呼呼地到群里去提问：自招到底怎么弄？选择什么职业好？这类"老虎啃天"的大个儿问题，没有人能帮得了解答。这跟考试一个道理，平时不学习，考前临时抱佛脚，结果可想而知。

有时不得不在休息日起个大早，参加一些培训机构的讲座。很可能耗费 3 个多小时，只捞取了 5 分钟的干货。其他的都是推销，或者是兜售你已经掌握了的信息。商业机构不赚钱就生存不了，家长不出血就无法从商业机构捞到干货，这是亘古不变的规律。要么痛快地掏钱，否则就别浪费太多时间。

（4）在自招季，面对 70 多所高校自招的海量信息，以淘金的沉稳心态，逐一阅读、筛选、取舍，然后扒拉扒拉自己孩子那些屈指可数的亮点（不包括亮点太多，在规定的字数以内写不完的牛娃），以英勇智慧的巧妇心态，去做"无米之炊"，化腐朽为神奇，憋出一份完美而闪耀着独特魅力的自荐信。所以得有一定的书面表达能力。

（5）管你读书多还是少，见识怎么样，从事什么职业，你都要迅速培养起超强的学习能力，啃下那些在孩子兴趣范围内的专业，弄懂那些简洁而高深的词汇都代表了什么意思，貌似相同的两个专业，到底有什么细微的差别和侧重？"钱"途如何，是否"短命"？

这些都没有人可以替代，也无法逃避。如果家长的学习能力不够强，只能及早入手，笨鸟先飞。否则就可能会误导了孩子，做出了错误的选择。这不是小事儿。

（6）客串一个资深 HR。尽量不带感情色彩地以旁观者的视角，重新认知自己的孩子，必要时通过一些权威性的职业倾向性测试，以便确定他将来可能适合的职业。（因此强烈希望，要是有一种 VR 眼镜带上，一按"专业选择键"，即可出现孩子在各种虚拟的工作场景中，那该多有代入感！）

似乎是没有，因此只能通过家长的引导和介绍，在不同的时间段试探一下他是否真正喜欢这些职业，排除偶然性的脑抽因素。最后结合收入、就业等现实因素做出选择。

功利心人人都有，但如果是亲生的孩子，就不要逼他选择他很确定不喜欢的职业，即使可能赚大钱，或者有高不可攀的社会地位。如果是亲生的，尽量说服他，不要选择他明显不擅长的职业，喜欢和想象的喜欢是两码事。

（7）必须具有"泰山崩于前而色不变"的超强心理素质，尤其是那种成绩上蹿下跳的孩子的家长（然而这是常态）。话又说回来，成绩一直在低谷徘徊的，可能更令家长抓狂，因此也更考验家长的定力。成绩一直保持在高位的、岿然不动的神，是没有几个的，是特例。

在不小心参加了名校的宣讲后，家长一定要淡定，要清醒，因为被那些耀眼的光环晃过了之后，很容易把名校想象成了咱家后院儿，好像孩子一抬腿就进去了。

设定了对孩子太高的目标，对他并不是一种推动力，而是一种无法转化成动力的压力，就像让只能驮 100 千克的马儿去驮 500 千克的重量，最后只能被压垮。

（8）做一个技术娴熟、知轻重、会看火候的铁匠。孩子灰心丧气的时候，本着"不到黄河心不死"的执着心态，给他打气，煽风点火，直到高考前最后一秒。还不能打的力度过猛，否则会打爆；也不能煽的力度过大，否则会把小火苗扑灭。

孩子轻狂自负或心态不稳的时候，要旁敲侧击，还不能敲碎。

这绝对是技术活，是做压倒孩子的最后一根稻草，还是做孩子的救命稻草，在于家长的功力和修行。

（9）不要对孩子的现状抱怨，而要懂得满足。做人要厚道，孩子的任何问题，都能追溯到我们的身上，要么是基因，要么是家庭的教育和熏陶，要么是家长的视野、格局和三观。让孩子承担这个后果是不公平的，虽然他不得不承担。

无论孩子是在玩儿命地学习，还是停止了努力，甚至沉迷于游戏，这都是我们十几年来养育和教育的必然结果。现在还剩了一个多月了，我们能做的已经非常有限了。即使你心机过人九曲十八弯，在这个时候，也很难命令一个高三的孩子放下手里的游戏，除非是他自己愿意。也很难给他打上满满的鸡血，而同时又不造成破坏性的压力。

我们更需要知道的，是不应该去做什么。

（10）不要高估自己的表演技能，即使你是影后。假装的不在意，掩饰不了我们内心的焦虑，此时，即使是迟钝的孩子，他的各个感官也将变得灵敏无比。来自家长的压力对此时的孩子来说，会被成倍地放大。

调节好家长自己的心态才是硬道理。佛祖或观世音，玉皇大帝或文曲星，信谁就向谁祈祷。能减轻家长自己的压力而不转嫁到孩子身上，就算祈祷灵验了。

谁也不信的话，就只能抱持"天生我孩儿必有用"的坚定信念了。人生处处是拐角，谁知道呢？

最后，简而言之，希望孩子成为一个怎样的人，我们就努力做个怎样的人。这是唯一的捷径，没有其他。

40 高考进行时

高考前的一天晚上，我在孩子的屋里点了个熏香炉。薰衣草精油的淡淡香气，慢慢地弥散开来。在催眠曲的伴奏下，给他做了个头部 SPA 和肩背放松。我一边累得气喘吁吁，一边在心里说：孩子，我只能帮你这么多了！这种特殊服务，也没谁了吧，大概可以"载入史册"了。

让儿子早早地关了手机，不要去查看各种群了。现在"泡群"的风险太高，大家心里都是慌慌的，很容易互相影响。

20 分钟以后，我看到孩子睡意朦胧，就关门离开了。催眠的结果，至少对我自己有效，一会也妥妥地睡着了。

第二天一早，把孩子叫了起来。看来他睡得不错，是个好兆头。

上午考语文。把他送到考场，就奔回公司忙活了两个多小时。在考场外干等着，也帮不上孩子任何忙，不如去忙忙工作，时间过得还快些。我的心情很平静，时间一晃就到了中午，然后返回考点去接他。看到随着人流往外走的他表情正常，我就放心了不少。没有失误就是好的表现。理科生，从此不用再被语文虐了。四座"大山"，搬走了一座。

午饭后，儿子轻松地睡着了，半小时以后，喊了好几声才醒来，看来休息得不错。他喝了杯咖啡，又读了会儿材料，活跃了一下脑细胞，接着上阵。数学发挥得也正常。我的心又放下了一点。

第二天考理综，后来知道，题出得非常难。很多孩子板着脸就出来了，有的孩子直嚷嚷："想揍出卷子的人！"有的家长在群里说："孩子被虐哭！"

一会儿，儿子也出来了，恼火地说："太难了！"

我赶紧安慰他："我刚才看到那个谁（学霸级的），黑着个脸，显然被狂虐。群里好多家长也说：孩子在哇哇大哭！所以，这不是你个人的感觉。"

儿子没再说什么，但是脸色轻松了一些。只要不是自己一个人的问题，可能就比较好接受了。下午的英语，也还正常。

出成绩的那一天，6 月 24 日，一大早，儿子跟同学们出去玩了，告诉我：如果成绩出来了，跟他说一声。我当时心里还想：行啊，心够大的。10 点左右，成绩大约要发布的时候,儿子给我发了个短信:先别查成绩,马上到家,一起查! 我乐了,还是沉不住气啊。

一会儿儿子到家,我们开始拼命刷网页,手机,Ipad,平板、手提电脑,全部上阵,怎么也登陆不进去。儿子心急如焚,坐立不安。后来,通过电话先查到了单科成绩,但查不到排名。再后来,终于登陆了进去,查到了成绩。

语文 120 分! 对理科的儿子来说,已经相当满足了。他待语文痴心不改,语文最终没有负他。也许儿子的形象思维能力不像逻辑思维能力那么强,但不说明在应试方面就没有翻身的机会。

数学 144 分。虽然年级里的大神,有好几个数学满分,但是我们已经很满足了。儿子说:"当答完了数学试卷的时候,我的心里想:我的数学,果然实力还不够啊!"我笑了:认识自己还真够晚的,要在高考的考场上。

儿子的数学,一直来说还算不错,但是自高二以来,就很少超过 140 分以上。高考前两个月,我跟他说:"数学老师说了,他觉得你上 140 分是没有问题的!"

儿子很惊喜,受到了很大的鼓励。当时我在想:这个傻孩子,也不想想老师会说这种打包票的话吗?(先不管了,忽悠了再说。)

我说:"我要跟你坦白一件事。数学老师并没有说过你肯定能上 140 分。这是我自己经过研究得出的结论,我认为你可以。"

儿子惊奇地说:"数学老师没有跟你说,但他跟我说了,他认为我努把力,数学能上 140 分!"

原来,数学老师鼓励孩子的套路,跟我也是差不多的,都是简单直接的。哈哈! 谢谢老师的一番苦心。

儿子的理综成绩和英语也都不错。

高考的成绩,以孩子的水准来说,算是发挥得很不错了,基本是自己高中的最优成绩了。当然,离清、北是有距离的,复、交不是提前批的话也没戏。心里觉得一阵阵庆幸,像是劫后余生。没有什么是必然的,高考不确定的因素太多了。有的孩子明明成绩一直不错,也很努力,结果却不理想,令人遗憾。

如果说有什么经验的话，那就是，不到最后一刻，不要放弃努力。这句话，是千古真理，然而说易行难，每个人都知道，但能做到的却不多。

然后，家长做好家长该做的。学术性的东西，比如具体的学习方法，成绩分析，反正我是没有能力去指导孩子的。偶尔自不量力地尝试一下，就被孩子一句话怼回来了："你懂吗？"我没法跟他发火，因为我真的不懂。就是语文，我虽然会写写文章，但我也说不出来什么理论。英语是我大学的专业，但语法现在用的只是马马虎虎，真不一定比孩子水平高。数学和理综就更没戏了。

不懂就闭嘴。家长唯一的工作，就是"设备维护"。除了照顾好孩子的饮食起居，就只剩了保证"设备"的正常运行：压力不足时，就给加点压；压力过大时，就给减点压；哪里运行不太正常，就给加点润滑油，或紧紧螺栓。维护的技能高低，会影响到设备的运行情况。

当然，这有一个前提。应该传达给孩子这样一个信息：无论孩子考成什么样，虽然我们可能会失望（甚至不必加上这个条件状语：如果他尽到努力的话），我们仍会爱他，会接受任何的结果。

所以，凡是指望孩子光宗耀祖，或者肩负起父母未了的心愿的父母，不仅风险很大，权衡利弊的话，弊端也很大。

快到 7 月份了，面临志愿的填报，可能会更煎熬，更纠结。也许直到录取通知书落袋为安，才算尘埃落定。

这样的人生，还真够刺激的！且行且珍惜。

第五章

总结 · 前行

——后高考时代

41　我眼里的自招

最近时不时被一些家长问到儿子自招的问题。不是行家，因此，只能分享一下经历，仅供扫盲，也记录这段折腾的时光。

儿子上高一时，我们也有想到朝这个方向去努力。

据说信竞相对是捷径，高一或高二参加也可能出成绩，不影响高三的学习。不像其他四种竞赛，随着知识的积累，高三才相对有竞争力。但没有提前进行此方面的规划，也没有考虑过。

高一时，班里用选拔的方式，选了两名数学成绩好的同学，参加了年级的数竞培训班，其中一个就有儿子。

参加了也就一两个月，儿子就要求退出，理由是：占用的时间太多，如果把这个时间用在正常的学习上，会有更好的回报。

我想：这事儿，只有他自己最有发言权吧。适不适合参加竞赛，有没有兴趣，天赋够不够，舍不舍得付出时间，敢不敢牺牲其他科目的成绩，谁能比他自己的感觉更准呢。因此，准奏！（不准也没办法。）

后来又尝试了物理竞赛的培训，时间不长，也退出了。

作文大赛什么的，作为语文有点瘸的儿子，连想都不用想。

英语能力竞赛也没走出多远。儿子的英语水平，语法啥的还是不错，比较清晰，应付学校的考试问题不大，但是论起课本以外的词汇量、综合应用能力和语感，因为没有足够的兴趣，也就无法在应试以外去提高自己，离竞赛的水平还有不小的差距。

发明、论文啥的"旁门左道"，更是弄不了。

从此就心无旁骛地准备"裸奔"了，没有给自己留任何后路。

自招季到来后，自招简章陆陆续续地出来了。按照平时做的功课，少数学校是可以给予平日成绩优秀的孩子自招资格的，于是开始了"打捞"。

总共也没有几所学校，有的是要求期末名次为年级前 5%（或 1%）次数在 3 次以上，有的是要求单科期末成绩占该科满分的 85% 以上的次数满足 5 次以上，等等。

经过一番考虑，我们毅然地划掉了兰州大学。地域因素，你懂的。

虽然有很多学校都在简章中体现了貌似没有什么竞赛奖项要求的"具有创

新潜质、学科潜力"这么一条，但是我翻了一下那些学校的历年分数线，就很自觉地绕开走了。裸考的分数线都不低，凭什么会给我们"空手套白狼"的机会呢！

唉，没有发明、论文啥的，创新潜质就等于没有，学科潜力也等于没有。即使我能把孩子的自荐信包装成一朵牡丹花，估计也没有什么大用。

跟儿子谈此事。他知道自己不曾投入什么额外的时间和精力，所以没有什么拿得出手的奖项，就让我自己看着弄吧，反正是保底。

最后我选择了两个学校：一个是华南理工大学（按照高校的要求，单科要求在满分的 85％以上，好像是 5 次，这项不难满足），一个是哈工大威海校区（该校简章模糊地鼓励平日成绩优秀的孩子申报）。

至于为什么不申请哈工大本部，一个是当时孩子对专业的选择是把工科排除在外的（这个以后再细说），再加上哈尔滨那个寒冷的城市没有什么吸引力，以及哈工大的分数不低，既然是保底，就多点自知之明吧，于是选了威海校区（录取的位次在 12000 名以内），心里想：退一万步来说，威海是个海边城市，气候啥的跟青岛也差不多。

我也想过干脆不去申请自招了，够不上多好的学校，工作量还那么大。这样也让孩子断了所有的念想，背水一战。后来听往届家长讲，高考发挥失常的孩子不在少数，应该认真地做保底的准备，不能盲目乐观，于是就老老实实准备材料了。

其中的麻烦，跑了多少趟学校，就不细说了。

但是我跟儿子说："你也别问是啥学校了，反正根据你正常的成绩而言，你不会去的。"于是儿子也就默契地不再问了，就连签字，也是任由我挡住了学校的名字。

我天真地想让他忘掉自招这回事，专心裸考，而不是不知不觉地下调了自己的目标。但是，在自招的初审通过的名单紧密公布的那几天，同学们开始互相打听你过了什么学校，我过了什么学校。于是一天中午，儿子给我发短信：妈，你能不能告诉我，给我申请了什么学校？过了吗？

不告诉是不行了。不告诉的话，大概他还以为没有了保底机会，心里慌了怎么办？于是我告诉了他。

后来我想，幸好自己给孩子申请了，尽管只是过了初审，而笔试、面试都是在高考后，但是给他增加了一些心理安慰吧。四月份以后的高三孩子们，拼得都很累，对体力、脑力和心理素质，都是严峻的考验。有棵可能会救命的稻草漂在那里，也是好的。

经过慎重考虑，我没有在系统上确认哈工大威海校区的考试，放弃了。我觉得即使按照孩子最烂的成绩大致换算成的省排位，裸考也能上更好的学校。

我跟孩子说："我们保底是保底，但是也不用保这么低的底！我不相信你会用的上！"人不能自高自大，但也不用妄自菲薄，降低士气吧。儿子深以为然。

高考 6 月 8 日结束，还没来得及喘口气，9 日我们就飞广州了，连分数都懒得估。估不估，也不会改变我们的任何决定。估出了分数，也没有意义，又不知道省位次。

10 日早上 9 点笔试。华南理工大学的校园里人潮涌动，8 点钟，考点外就聚满了学生和家长（据说，通过初审的同学有 2000 多个）。一看，儿子学校来了不少同学，据说有十几个。

8 点半，考生进场。家长们慢慢地散开了。我本来决定回宾馆的，宾馆也不远，忽然决定不回去了，在校园里逛逛吧。万一……也好熟悉一下情况。高考到底考成了啥样，心里没底。不得不做好各种预案。

华南理工的校园不小，景观也不错。天气已经很炎热了。我转了一大圈，坐到了湖边的石凳上。湖边都是带着宝宝来消暑的附近居民，把学校当公园了。这么说来，学校是很亲民的。

在等了三个多小时以后，笔试终于结束，结果会于晚上 10 点左右在高校官网公布。100 分满分的笔试试卷，简直是大杂烩，各科都有，琳琅满目，还有什么校训、价值观的题目。这还真不好准备。

晚上还没有到 9 点，我就从官网上查到：儿子以 2 分之差，没有入围！

儿子恨恨地说："我为什么没有早点百度一下该校的校训呢？就差了这两分！"嗯，这恐怕是唯一可以准备的。可是，每个学校的校训，真的也差不多，无非是多一个词，或少一个词。再怎么说，也是诚意不够啊。

我安慰他："反正也是保底呗，打酱油总是难免的。"经历一些失败，也是好的，可以再次更新自己的认知：人外有人，天外有天。

同校有几个学霸进入了面试。最后的结果我没有关注，但是，即使他们取得了自招资格，毫无悬念，他们也不太可能到这所学校就读！因为以他们的成绩，即使考得不理想，也完全能入读排名更往前的学校。这种自招资格，简直是浪费。

为了不虚此行,顺便到中山大学溜达了一圈。广东省,论起文科和经管,中山大学第一;论起理工科,华南理工更强。但是中大是广东人心中的"老大"。

中山大学,显然就没有华南理工那么亲民。保安一开始拒绝放行。我说:"你不让我们进去看看,我怎么决定孩子是否报考你校?"于是被放行。

很喜欢中大的岭南建筑风格,有民国气息。草地非常美,一些毕业生在拍毕业照。然而儿子喜欢的是现代风格。他撇了撇嘴,说:"你喜欢的话,怎么你当初不多考几分,自己来这个学校呢?"

我……!

后来高考分数出来,去参加招生咨询会。中山大学的老师问了问我们的位次,酸酸地说:"这个成绩,也不会考虑报中大岭南学院的吧!"

岭南学院,牛啊! 谁说我们不会报? 第一志愿不报,第四、第五也是可能的嘛!

儿子第一次见识了什么叫赤裸裸的"待价而沽"。跟在超市购物一样一样的,兜里有多少钱,决定了你奔向哪个货柜。他脱口而出:"早知道的话,再多考几分!"

我喷他:"知足吧!"想象中的能够多考的几分,就像天上的云朵,看着很低,触手可及,实际上并没有那么容易。那科多几分,这科可能就少几分了。

不过,如果仅用来做情景模拟,激励准考生们多考几分,此情此景倒可能有些作用,足以令人不寒而栗。建议家长们有机会可以带孩子提前感受一下这个"势力"的"市场"。

儿子的同校同学们,拿到了五花八门的自招、综招资格。有的同学高考考砸了,被自招救了命,估计能以低分上了排名较好的学校,但是可能专业不如人意。比如,以英语竞赛奖项申请的自招,好像只能选择外语类的专业,而该同学的理想专业是经管类。

这就没有办法了,聊胜于无吧,人生有时不妨调一下头的,放下自己的执念,说不定在本来不是第一选择的专业方面更有发展潜力呢。

回想儿子的自招经历,家长筛选、准备材料、跑学校盖章花费的时间、精力,都忽略不计了。需要儿子亲自参与时,高考已经结束。打打酱油也无所谓了,无非是多花了一些路费,多花了几天的时间而已。

起码该做的,都做了。没有偷懒,也没有错过。即使儿子高考考砸了,不能被自招救命,起码能走的程序都走了一遍,得不到自招资格,也没有办法。而不是因为家长为了省事,没有去申请。

"如果,就……"这样的句型,是很可怕的,因为时过境迁,你是无法验证"如果"后面的那个选项的,因此想象会无休止地咬噬你的内心。比如,假如当初我真的没有给孩子去申请,而孩子高考考砸了,我会一辈子都自责,并且我会一厢情愿地想象:我们会有很大的可能得到自招资格的。

这岂不要了人命!

尽管费了那么多事,没有拿到自招资格,结果跟不去申请是一样的,但是在经历过程时,心里会更笃定,心态会更坦然。坦然,要比纠结、后悔,更有助于带来理想的结果吧。

人折腾了一辈子,闭上眼安息之后,都是一样的归宿。但是在闭眼之前,评价自己的人生,是无悔的,还是充满了悔恨,则是取决于毕生的努力程度。

不后悔的人生,没有省事儿的……

42　省心背后的"不省心"

最近在公众号里收到了不少留言:有关于孩子考试成绩创新低,心情异常郁闷请求帮助的;有新高一询问我家孩子是如何处理好学习和娱乐的关系,该不该禁止孩子玩游戏的;有纠结该不该放弃竞赛培训,一心拼文化课成绩的;还有问该不该上补习班的……

我都说了,我不是专家。但是,与读者相遇,就是一种浅浅的缘。我关注你的问题,也能体会你的焦虑。因此,我试试探讨这些问题吧。

一、要不要榜样或参照物

我曾经试着给孩子引入"榜样"(包括"学神",或学业成功的学姐、学哥,或各种状元),或者拿给他一些"经验介绍"之类的,但我发现,除了增加了孩子的反感和压力外,并没有起到多少正面的作用,都被孩子扔在一边。

如果你不明白为什么,那么不妨换个角度想想:假如你爸妈拿给你几篇采访富豪的文章,让你好好读读,你会读吗?

你有很大的可能不会读,因为他们的此举暗含了对你现状的不满,认为你不够成功,除非你自己有强烈的动机去关注这些文章。

然后,读了就能成富豪,或者提高自己的财商吗?更可能的是,你叹了口气,心里说:成功是无法复制的。就像孩子认为"学神"的成功是无法复制的一样。

但是,如果我先自己把这些学习或成长经验深入理解、吃透,经过自己的解读,在合适的时间拿出来,可能会对孩子有所帮助。比如有个高考理科状元,他的语文成绩却常常考得很惨,也时不时跌破平均分。这可能会鼓励到孩子不要对自己的语文成绩泄气,而是不断努力,不断加强正面的心理暗示:即使弱科的成绩常常不理想,最后仍有不小的可能去考出好成绩。

有朋友常常拿我的孩子作为自己孩子的榜样,并且时不时撮合一起交流。可怜天下父母心,我真的能理解,一般也愿意配合。但是,当我看到那个学弟、学妹被爸妈拉来,一脸压力地坐在那里,被动地等着被所谓的优秀学长"输入",我其实对结果并不乐观。

这些家长可能并不知道什么是孩子所需要的。学长可能根本无法体会到学弟/学妹在学习上的不胜任感,也无法理解他们可能从小经历的"填鸭式学习"所带来的后遗症。因此,学长很难帮到他们,只不过分享一些信息而已。

在给你的孩子树立任何榜样前,先问问:这有助于建立、提升他的自信吗?这是一个一票否决的问题。不能提升自信,就不要树榜样。

与其给孩子找榜样,不如让孩子成为别人的榜样。用盘点家庭资产的态度,去发现自己孩子的长处,无论它是多么微小,注重孩子的点滴努力,然后告诉孩子:邻居家(同事家)的弟弟(或妹妹)好崇拜你的这种坚持、这种越挫越勇的强者风范!

也许对于体育竞技来说,积累到一定程度后,只有跟高手过招,才有助于提高自己的技艺。但是对中学生、小学生的学习来说,只是一个每天比昨天的自己进步一点点的过程。每个人的天赋不同,家庭环境不同,因此起点都是不同的,没有什么可比性。

七八月份是发榜季,也是大批大批"状元秘籍"的出炉之季。学校宣传,是为了提升影响力,证明自己教书育人的成功;报纸电视宣传,那是寻找热点、吸引眼球的需要;自媒体满天飞的文章,是为了增加点击量……随便看看就行了,千万别认真,也别给孩子增加不必要的压力。

人家状元家长、"学神"家长介绍经验时,他以为的那些原因,也不见得就是主要原因,并不是每个人都善于总结,一针见血。

至于状元、"学神"本人,大多数也并不知道自己是怎么做到的,就是一种本能。表面上看,即使有的是因为不同于常人的刻苦努力,每天只睡五六个小时,但是没有超常的内驱力、自我管理能力以及强大的心理素质和高目标,你让自己的孩子学学试试?

成功是无法复制的,但是我们可以去定义自己的成功,或者看得更远一些。你是最可能帮到自己孩子的人。

二、要不要上补习班

我的看法是这样的:如果补习班能让孩子增强了自我学习能力,学会了一些学习方法,提升了孩子学习方面的自信,就上。否则,就别上(或别长期上),上多了就成了丢不掉的拐棍了,反而弱化了孩子自己学习能力的培养,花费的钱就不说了,花费的时间是无法弥补、是不可逆的。

我曾经知道有个初中的孩子,一到寒暑假就去补习,七八门科目都补,从早补到晚。家长逼迫,孩子表面也顺从。那么什么时候玩、放松呢?人都是需要休息的,不可能总是高强度的学习。成年人还有双休呢,还是八小时工作制呢。估计只好上课或上补习课时神游了,或者做作业时对付一下、打些折扣了,或者省去了深入思考的时间(因为思考是很累人的,而且不一定马上有结果)。还有别的选项吗?

家长说:小学时没有抓紧,孩子没有养成好的学习习惯,初中不补课真是不行!

唉,听上去也是很有道理,亡羊补牢,尽管我很想问:高中呢? 大学呢? 但我知道,他们管不了这么多了,只能走一步看一步了。

如果未能从小养成自主学习的习惯,不能让孩子对学习产生兴趣,就会陷入了这种总是需要拐棍儿的怪圈儿。

但是对于那种内心觉醒、奋起直追的,是可以上补习班的,在觉醒的强大内驱力的带动下,成绩会有明显的提升。这种投入更会有回报。

三、学习中的低谷怎么办

我儿子高三下学期的成绩就一直"趴在"低谷里。之所以说是低谷,是相对于高中的前面几个学期还不错的成绩。

儿子是个对自己的认知比较客观的人,因此,我大多数时候都相信他对自己的判断。高三下学期的每次大考,成绩不理想,我都会旁敲侧击,跟孩子见缝插针地聊聊(因为孩子一直住校),排除了有什么东西令他分心、压力值超负荷、目标动摇、学习时间减少或自信严重受挫等因素。

没有发现什么明显的问题之后,就剩了唯一的一条路:调动各种资源的、360度全方位的鼓励,和坚持。

量变产生质变,需要时间的积累。这个积累的过程尤其煎熬,是人生的必修课,对孩子是,对家长更是。

这是孩子最需要家长的时候。关键的时候,你能不能顶住,能不能帮孩子分担这些压力? 儿子学校的心理老师说得好:家长要跟孩子保持一定的距离,要情感独立,不要绑在一起,被孩子的情绪所裹挟。只有这样,他倒下的时候,你才可能去扶住他,而不是跟他一起倒下。

四、该不该在竞赛的路上一条道走到黑

竞赛不同于一般的考试,能获胜的孩子要么是有这方面的天赋,要么是非常热爱。当然,一个孩子很难热爱他不擅长的、令他没有成就感的东西。

所以，天赋还是基本因素。

在孩子成长的路上，会放弃很多东西。

我儿子最早放弃的是轮滑。那时他只有 5 岁。我们看广场上嗖嗖滑过的孩子很酷很爽（其实现在反思，我们在用自己的愿望覆盖了孩子的愿望），因此希望儿子也去学一学。他非常不喜欢，并且很抵触，后来发展到绕着轮滑训练场走的地步。

我们没有放弃，给他买了酷酷的轮滑鞋和头盔、护具，在家里放了几天，试探他。他渐渐对这些东西有了一些喜欢。然后我们告诉他：如果他不去学，我们会把这些东西送人。然后，他勉强接受了。

儿子轮滑入门还挺快的，很快就能滑行了，但是再进一步的话，就看出了差距。他的个子比同龄孩子高一截，无法凭不强的腰腹部力量来弥补重心过高的劣势，因此滑起来总是给人摇摇晃晃的感觉。再加上教练的不断提醒，不断指出问题，儿子就再也不愿意继续这项运动了，因为小小年龄的他无法得到成就感，他的先天条件不适合。我们再怎么鼓励也没有用。

浅尝辄止，也是成长的一部分，不试试就不知道自己擅长什么。一个 5 岁的孩子，尚且有自知之明，一个高中生，经过了一段时间的培训，肯定能感知自己在某项竞赛中有没有天赋。没有足够的天赋就放弃，其实这种情况下很好选择。但是还有一些天赋，只是不知道继续投入下去是否值得，这种情况确实令人纠结，因为这需要刻苦的培训，需要大量的时间，还要兼顾学业。经过培训的孩子固然在这一科目上思路会变得更开阔，更有深度，但是如果减少了其他科目的学习时间，也是风险很大的。

没有什么是有保障的。我并不觉得家长能够帮孩子做出这种选择。家长能做的，是把每种选择的后果分析给孩子听。假如孩子都清楚，无论是否继续走竞赛路，都不是坦途，都有很多挑战和压力，那么一旦孩子综合评估自己的现状后得出了结论，就心无旁骛地一条道走到黑吧。这时候，关键的问题就是，是不是足够坚定，足够有信念，一旦选择了就不要回头看！

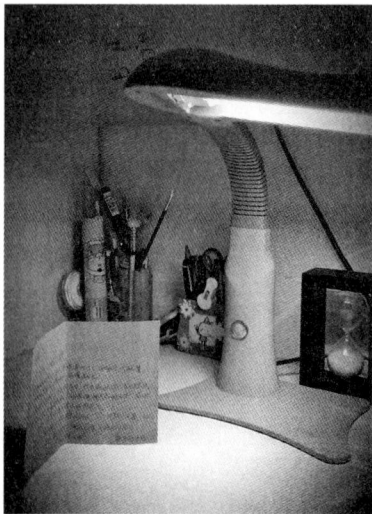

五、如何分配学习和娱乐的时间

对于高中生来说，说实话，这不是家长该操心的事儿。因为这是家长管不了的，不是家长"势力范围"之内的事儿。

高中都住校，你知道孩子在学校都做了什么？

我的孩子周末回来都狂玩儿（除了高三，还会拿出一天时间去图书馆泡一下）。我催他，他会说：我在学校已经很抓紧时间了！

我马上闭嘴。固然有那种周末回家都非常抓紧时间学习的孩子，有的只是为了心安，效果多好也谈不上；而确实可能有自我管理能力超强或者精力特别充沛的孩子。然而，我知道我的孩子不是。

但是，对于高中生，肯定没有因为家长的逼迫才做出学习的样子的。这个阶段的孩子，已经不屑这样做了。家长真的管不了，别不承认。

在这些问题上，孩子基本不会听家长的，他们觉得那是自己的事儿。他就是觉得累了，不想学，或者学不进去，你能不让他休息？

至于如何限定娱乐的种类，他就想玩游戏，玩手机，你也管不了，因此别瞎操心了。有本事就给他个老人机，除了打电话，啥都不能干，假如你不怕他泡网吧，或者背着你上网玩游戏，同时你得能顶住他因此跟你吵、跟你对着干的巨大压力。这个时代，"禁止"只是掩耳盗铃。

家长有用武之地的，是帮孩子树立一个较高的、可行的目标。注意，不是家长的目标。这是唯一有可能令孩子可以心甘情愿去牺牲娱乐时间、去狂虐自己、去激发自己的内驱力，来换取一个好的学习结果的办法。

这个目标，一开始可能像一颗种子，不知道会不会发芽，播种下去，只有耐心地等待。也许不会发芽，因为播种的时节不对，或者这片土壤不适合这颗种子。

发芽后的幼苗也是那么脆弱，需要格外精心地呵护。慢慢地，它就会生了根，越长越茁壮，之后它会自己吸收养料，也能抵御一定的风雨了，家长就相对省心了。

那时候，游戏、过度娱乐以及其他方面的诱惑，真的都不是事儿了。

高中生的家长，能做的真的不太多了。但愿幼儿园、小学生的家长，能早早领悟：培养并呵护孩子的求知欲，保证孩子对学校有好的体验，养成自主学习的习惯，保护孩子的自信，该有多么的重要！

大多数人只看到了一颗硕果累累的树在阳光下闪着耀眼的光芒，却没有去关注在最初的时期，种树人长期付出的耐心和努力，以及只问耕耘、不问收获的淡定。

所有省心孩子的背后，都有家长的一片苦心。

43 做孩子心灵的守护者

高考结束之后,我们马不停蹄地赶往广州参加自招考试,没有通过初选。然后从广州直接飞往北京,参加早就报名的港校英文面试培训。

培训的地点是在北外。我们报的是 8 个人一组的 VIP 班,比普通班要贵上一倍。贵就贵吧,豁上了。平时我总笑称儿子是"经济适用男",课外辅导班不参加,竞赛培训不参加,小学、初中、高中都是公立的,给家里省钱了。

不该省的钱,是不能省的,比如这个培训。很多过来人都说:没有必要花这个钱,孩子自己找同学练一下就行了,但是我知道,对儿子来说,口语面试虽然不见得是他的弱项,但是他自己心里已经当成了弱项,于是,这就成了他的弱项。之所以在他的心里当成了弱项,我知道,其实他把对未来的迷茫、对高考究竟能考成啥样的焦虑、对港校内地生可能会面临的压力之隐忧,都投射到了面试上。

劝说,鼓励,已经起不了什么作用了。我深深理解他的处境。去参加培训,这是我唯一能够想到的、可以给他减压的途径。果然,5 月下旬,当我征求儿子对这个培训的意见时,没费什么劲儿,他一口答应了,有些出乎我的意料。我由此知道,他确实是需要的。于是我早早地报了名,交了钱,让他从心里放下应对面试的事儿,专心准备高考。

儿子自己去也是可以的。但我们的工作在那段时间没有什么急事儿,于是我和先生陪他一同前往,顺便给我们自己放个小假。

第一天的培训结束了,我们从儿子的话中感觉到,他对老师还是比较满意的,也是有收获的。并且拿回了很多的阅读材料。趁一起吃晚饭的时候,先生希望加深一下儿子对今天上课所讨论话题理解的广度与深度。他并不确定,老师是否能深入地引导同学们的思考。

儿子对我们"个性定制"的"英文面试辅导＋"并不感冒,他勉强地用英文回答了我们拓展的问题,对付过去了。

第二天晚上,还是重复这个流程。然后,儿子回自己的房间去做作业了。我跟先生在花园里小坐,忽然收到儿子发来的短信:我累了,坚持不了了,不想上这个培训班儿了!

先生脸色大变:"这这这,这个样子怎么能行呢? 这不是半途而废、不负责任吗?"

才晚上八点多,敲了半天门,儿子才磨磨蹭蹭地出来开门,做出一副已经熄灯睡觉、别来烦我的架势。我们假装看不到他的表情和肢体语言,硬挤进了门。

我迅速评估了一下局面,跟先生说:"你先回房间吧。"解决这样的问题,人越少越好。男人还是走开吧。

刚刚没话找话聊了几句,儿子突然大爆发,又哭又吼,变身为一只狂怒的小兽。同时,他连珠炮的大段"控诉",就像一把机关枪,不分目标只管扫射,一副完全失去了理性的样子,

我突然明白了。高考已经结束,他的同学们都在呼朋唤友地狂欢,整天晒朋友圈,而他还在苦熬着,刚刚承受了自招考试的失败(虽然不怎么在乎,大概也积累了一些负能量),每天面对一堆堆的阅读材料,一片片看不懂的生词,而我们晚上给他开的"小灶",又进一步加大了他的压力。其实,他最焦虑的是不知高考成绩如何。同时,万一成绩不够高,是拿不到心目中的港校面试资格的,那么这个培训就是白忙活。

所有的这些,他说不出来,可能自己也不清楚,只觉得快要崩溃了。

我任他发泄了一会儿,看"狂风暴雨"转成了"丝丝小雨",然后平静地跟他说:"那好吧,我们不参加培训了。明天回家,我马上去改机票。"

培训所交的高额费用,肯定是不能退的。酒店的房费,也是预付的,还有机票。两个人放下工作陪着他到北京,花了这么多精力和时间,他一句话,就全白费了。

奇怪的是,虽然我心里很明白所要付出的代价,却毫不犹豫地说出了上面的话。我深深地体谅孩子所承受的压力,知道他的承受能力此刻已经到头了。我不可能做出第二种选择,不可能强迫他继续下去。

心里还隐隐地抱有一些希望:也许,他只是需要发泄,只是需要让我们看到他的压力,需要有人分担。

儿子立刻安静了许多,然后,他说了一句差点让我笑出声的话:"你不该这样的。你应该拍着我的肩膀,告诉我要坚持下去!"

我忍住笑,真诚地跟他说:"什么也比不上我儿子的心理健康更重要。"

看儿子慢慢平静了下来,我准备让他早休息。他真的太累了。这时我才发现,原来儿子早就上好了闹钟,准备第二天早上六点钟早早起床,把今天没有完成的功课补上。这家伙!

回到房间告诉了先生所发生的一切。他的眼神里对我充满了崇拜,说:否

则今晚真就睡不安宁了!

我们达成一致:不给他开小灶了,就好好吃饭,聊天儿,好好陪他。

有些时候,你明明知道,孩子再加把力的话,就有更大的可能去突破自己的极限。于是你想推他一把,给他助力。但是,他的心理承受能力,在那个时候,已经到了极限。你任何一句看似激励的话,反而可能成了压倒骆驼的最后一根稻草。

最明智的,是接受现状。因为事情完全可能会更坏。这样的风险太大,承受不起。

假如我没有那么设身处地的体谅他的压力,而是一味地鼓励他再坚持一下,那么会发生什么呢?大概率的事件是他会把自己对我们的愧疚合理化了,会告诉自己:反正他们也不理解我,白费了钱和时间,也不能怪我咯!都是他们不好,让他们自己失望,而不是我的问题!那么,他很可能借坡下驴,放弃了这次培训。

想起来有些后怕。我又做对了一道选择题。

跟其他的一般孩子相比,儿子已经是那种比较善于调节自己心理压力的人了。在准备高考期间,即使是模考考得很惨的时候,他的情绪一直都比较平稳。就是有一天冷不丁冒出了一句:"如果我考砸了,你会支持我复读吗?"我毫不犹豫地回答:"只要你想复读,我肯定支持你!"儿子放下了心。

我知道,他只是需要一句承诺,需要感觉到我的无条件支持而已,不需要长篇大论。

如果他在高考前来这么一个"大发作"怎么办呢?发泄本身倒没什么,但是这可能带给孩子消极的心理暗示:我不够强大。这种暗示,有很大的可能会对孩子的备考和迎考,起到消极的作用。

想到这里,后背发凉。高考,的确充满了不确定性,既是对学生,也是对家长的考验。从某种程度上来说,高考的成功者,多少都带有幸存者偏差的因素。

培训总算结束了,儿子的收获还是很大的,英语口头表达更流利了,词汇量也大了很多。我相信,无论他是否能得到面试机会,是否面试成功,这次培训都会对他的以后受益匪浅的。它,补上了他心里的一个缺口,这个缺口,源于他对自己的不自信。

为人父母,任重道远,套路太深啊!每一天,都觉着自己学到了很多。

44 儿子的总结

昨晚做了一个梦。梦中的场景是高考前。儿子的状态不好，萎靡不振，令我心焦。有个老师模样的人含蓄地说："有的孩子就那样了！"

一着急，我就醒了。

不会解梦，但是这个梦跟现实是明显不同的。

而现实中，老师一直在鼓励。当高考成绩公布后，班主任的回复意味深长。那条信息大致是这样的：我特别愿意看到，平时一直努力的孩子，取得了好的结果！

这说明：平时一直努力，最后的结果不理想的，也是有的吧。估计老师也见证了不少这种令人惋惜的实例。

现实中，根据我的感觉，儿子考前虽然压力很大，貌似依然斗志不减。

为了证实，也为了让一个懒得动笔的人总结一下自己的高中三年，惠己，惠人。几个星期以前，我向儿子约了个稿。

但人家各种玩儿，各种忙碌，一大早 5 点起床去学车，搞得比高考还忙似的，把我的交待一拖再拖！

等我已经放弃了等待，人家在跟朋友们前往日本"毕旅"登机前，给我发来了以下的短文。儿子一向不善于对文字精雕细琢，因此，也只是领会精神吧。

我妈在很久之前就向我约稿了，只是我一而再，再而三地拖到了现在。十分不好意思。

回头看，我的高三下学期真的过得很不顺利。这些在我妈之前的文章中也有谈到过。

所以，我想有针对性地谈几点我个人最突出的感悟。

1. 信心。

知识水平决定一个人高考分数的大体范围，而心理状态则决定了一个人的分数究竟能上浮还是下降。说到底，平日与心理状态挂钩最紧密的一个因素，其实是信心。

我高三下学期考得一直不好，但我一直深信自己水平没问题，然后在静悟期的两周（不上课，全部自习，称"静悟"）不断调整，最终没有辜负自己。

说到底，还是信心帮我度过了瓶颈期。当然，信心不是凭空来的，跟平时的勤奋、积累是分不开的。

如果你觉得你能一下子大爆发,那么你很可能只是在做白日梦。而如果你只是很希望自己能考好,那么这只是叫作渴望而已。我觉得这些不能叫作信心。

心怀自信,最重要的还不是有助于临场发挥,而是平日的复习。真正的信心,带来的不是浮躁,而是内心前行的动力,让你有信心能坚持着继续往下走,夸张一点说,有着能够一整天都坐着复习的定力。

信心,就是很多零前面的那个1!

2. 临危不乱。

如果说信心有助于平日学习,关键时刻,临危不乱,则尤其重要。

我承认高考题目有80%的可能性不会很出格,但也确实存在20%的题目可能会比较偏,比较难,以便拉开档次。

所以,当你看到题难,或者题坑的时候,沉稳就很关键了。

回忆当时高考,可能是习惯了考砸的感受,碰到难题,也不会再担忧分儿高分儿低了。终于明白,那些几模几模里的难题、偏题存在的意义了!被虐,是考前必修课。

其实这些题,做法老师也都教过,只是很多人一紧张,就忘了。这时候,最重要的就是看淡分数,或者说,专心于完成试卷本身,什么高考、大学之类皆放在一边。

当然,如果真的很难,该空还是可以适当空一空,不要死扣题,若是时间分配有误,就只能靠提高后面做题速度来弥补,而这就真的太考验心理素质,相当有难度了。

3. 调整自己的节奏,不被别人带乱节奏,尤其重要。

每个人都有适合自己的学习方式,很多时候,盲目模仿他人都不会是最佳的方式。当然各路学霸、"学神"的经验还是要学习的,但最好的方式应当是借鉴,是取其精华,而非全盘接受。

可能你现在会觉得这一点很好说,但真到高三,各路人马都在疯狂刷题,周五晚上一帮人留在教室挑灯夜战时,留给自己一颗平静的心,既不焦虑,也不懈怠,就显得尤其重要了。

学习时间的长短不是影响学习结果的绝对因素,一定的学习时间需要保证,但是学习的效果是更应该关注的因素。

4. 劳逸结合。

就是要保持充沛的体力,不焦虑,维持正常的作息和以往的人际关系,从而保持良好的精神状态。

要注意锻炼，不过如果体力太差，那还是休养生息为主吧，不然运动会让你没有精力上晚自习的。

关于具体学科的学习方法，这一部分我删除了。准高考生们，谁也不用学，听老师讲的就行。"学神"什么的，还不是从老师那里学来的？秘籍是没有的，诀窍也是没有的。谁能知行合一，更有执行力，把老师教的尽可能做到，就是学霸，就是"学神"！

我问儿子："你现在感谢当初努力的自己吧？"

儿子说："嗯嗯！"

我接着问："那我当时要是对你说：努力吧，你将来会感谢现在努力的自己的！你觉得有用吗？"

儿子说："没有什么用！"

我相信。

激励这种东西，我想是这样的。确实有那种孩子，具备强大的内驱力，而其来源可能是，改变贫困的家境，走出闭塞的小山村，让某人瞧得起，或者有其他让人憋住一口气跟自己死磕到底的东西。

但是，对于衣食无忧、未尝人间疾苦、没有家庭负担的孩子来说，很难把成年人眼里的"成功人士"的画面当成自己努力的原动力之一，比如豪宅，"颜如玉"，名车，大牌衣服充斥的衣柜，朋友圈出入高档会所的高尚人群……

那些，谁都想要。但即使是成年人，凡以物质为目标，或者追求"被人认可"为动力的，都不会是幸福的人生。追而不得，则是大概率事件。凭什么用这些来糊弄孩子呢？

胡乱激励的，还不如不激励，至少不会添乱。你看那些誓要为孩子做好司机、厨师的家长，大概都深谙此道，有自知之明。

陪伴的意思就是，若即若离，孩子不一定感觉到你的存在，却时时能感觉到，在自己需要的时候，有一股股绵绵不断的内力注入自己的体内，支持着他，温暖着他。

45 大学，路在何方

分享一下高中三年来，我们帮孩子选择大学的一些体会和经历，供有缘者扫盲，或者看热闹。

一、关于是否去欧美留学的规划

儿子初三毕业的那个暑假，我们认真地考虑了关于留学的问题。据说准备出国的孩子，最晚从高二起，就要学习另外的课程，比如雅思、托福、SAT 啥的，需要大把大把地砸钱，同时，基本就与高考 byebye 了。

我带孩子到附近的新东方转了一圈，咨询了一下，发现孩子的出国意愿并不强烈。我们作为家长，对于本科去欧美留学这个议题，也没有强烈的动机。性价比是一个原因，尤其是面对如此高额的经济投入，值不值得始终是个绕不过去的问题。另一个原因，认为儿子对国内的教育还是适应的，并未觉得受到什么束缚，对学校的体验，也一直都不错，有一定的成就感，可以说，并非是那种"家里待不下"的个性孩子。并且儿子不偏科，除了语文稍弱，其他都不错，也肯努力，具备考上一所国内好大学的基本条件。

因此，我们确定了要参加高考。如果要留学，可以等到本科毕业后。

事先做一下这个论证，很有必要。到了高二，肯定会有不少同学开始做起出国的准备，就不在学校上课了。这种情况可能会对其他的孩子产生不小的冲击,尤其是家里有些"米"的孩子(实在经济条件不强的,估计孩子也不会有指望),因此,这些孩子的心理也会受到一定的影响而摇摆不定,那样会影响到正常的学习。

而假如这些问题,孩子已经仔细思考过了,就会比较淡定。后来的事实证明,果然如此。高二时,儿子并没有被出国的洪流所干扰,而产生动摇。

完成了对这个问题的论证之后,儿子说:我觉得自己忽然长大了! 听闻此言,心生安慰。人生路漫漫,从此儿子就要学会做更多、更重大的决定了。

二、职业规划

儿子上高一的时候,学校里曾经做过职业规划测试和人格测试,主要是通过一系列关于能力、爱好、性格等方面的测试题,看一下在职业方面的倾向性。当时结合儿子的测试结果,初步拟定了将来的专业是财务管理、会计学、金融类。根据他喜欢数学、喜欢跟数字打交道的倾向,再加上就业的前途和"钱途"都不错,我也比较认可这个结果。

据说,这是所谓的学霸专业。只有进入名校,才会有好的前途。进入一般的学校去学财经类专业,是没有什么竞争力的。

好吧,就冲这个大致的目标去努力吧。分数够高,才能任性。

至于工科,当时儿子认为自己没有什么兴趣(大概他的头脑中有个刻板的印象,觉得跟有型的物件打交道很麻烦),就给排除在外了。

三、我对港校一见倾心

儿子升入高二,我开始思考起了到港校就读的问题。如果能进入港校的第一梯队——香港大学、香港科技大学和香港中文大学,也是不错的选择。全英文的教学环境,先进的教育理念,以及国际化的视野,对我有着一定的吸引力。

我开始隐隐约约地觉得,儿子应该换个环境。被应试教育了那么多年,虽然初中和高中的学校都以素质教育闻名,虽然儿子的思维方式还不错,但是有些缺乏批判性思维,也很难打破常规去思考。

比如我跟他讨论一个问题,他会半开玩笑地说:"你这个跟政治考试的答案不一致啊。难道想让我考试被扣分? 不听不听!"

我哭笑不得,即使知道他并不是认真的,却仍然感到了一些无力。仔细想了一下,在孩子不成为愤青的前提下,在应试的巨大压力下,想让孩子保持漂亮分数的同时,我还想让孩子保持独立客观的思考,学会批判思维和质疑,这个难度很大。我反正是做不到的！

鱼与熊掌不可兼得。在应试教育下，还是说应试吧。于是，我闭上了嘴，只能等待更好的时机。

港大和港科大，是在学校的官网上自己申请（好像是春节前后，系统就开放了），港中文是统招。反正都与高考不冲突，按照内地生申请，也不需要托福、雅思成绩。因此，不需要做特别的准备，也不怎么花费额外的时间和精力。

入读港校可能带来的所谓弊端，对我们来说，可以忽略不计，比如：

（1）就业时不被体制内和国企所认可。（反正儿子也志不在此。）

（2）会影响在内地的人脉积累。（呵呵，作为凭实力混饭吃的一族，我更相信：你若盛开，蝴蝶自来。也相信：天涯何处无芳草。）

（3）以后到内地工作的话，会觉得不适应。（这个，如果是指潜规则，不适应也罢；如果是指其他观念，你可以选择随大流，从众，保留自己的看法，但是应该知道事实是怎么一回事，而不是任人洗脑，或人云亦云。）

至于优势，最明显的就是，相对内地的大学来说，更具有国际视野，更多元化，更具包容性。从这些方面来说，即使是北大清华，也很难超越吧。

另外，香港社会治安很好，距离也不远，不用像在欧美读书那么牵肠挂肚。经济上也相对花费少很多，1 年 20 万港币就够了，不用去纠结性价比的问题。

再说，无论孩子是在香港工作、定居，还是在香港读研，或到海外读研、定居，都是我可以接受的结果。随着年龄的增加，他会更成熟，因此他未来的选择会更加理性，而我，只负责在目前阶段，尽可能保证他未来可以有更多的选择权，可以上更高的平台。想不想上，则是他自己的事儿。

想清楚了之后，于是，我抽空去考察了一下这三所学校。

一去香港科技大学，我就被深深地打动了。

港校都没有大门，也没有保安值守，校园也没有北大清华的那么大，但井井有条，规划合理。

我喜欢那些充满人文关怀的细节，比如大楼入口处的轮椅坡道，比如厕所干净、整洁，也喜欢那种处处充斥在建筑布局中的理工院校的简单、纯粹的氛围。

而等进入了图书馆，看到了临海的落地窗下那一排排自习桌，感觉自己立刻拜倒在港科大的石榴裙下。奢华的无敌海景啊！图书馆当时在举行一个摄影展，是关于动物主题的，静谧，温馨，大气，也给我留下了深刻的印象。

当时就冲动地想：如果儿子能在此处就读，我愿意花任何代价！

然后去了港大溜达。

地铁口竟然与港大相连，好像地铁是港大家开的一样。

那是另一种综合大学的氛围，建筑更有历史感。而且相比起港科大的简捷、敞亮，港大校园是立体的，到处四通八达。结果我很快就不出意料地迷路了，索性到处乱转。不信我还能走不出来？

有一组学生在跟老师讨论问题，是用英文交流的。民主墙上贴着各种质疑，果然是政治家的摇篮。走一段不长的路，就可见快餐店、咖啡厅。一切都让我感觉新鲜。

后来又去了香港中文大学——除了港大之外的香港的第二所综合大学。

港中文依山而建，面积很大。陡峭的山路，走得我脚软。校内是有巴士的，但因为没有向导，搞不清楚每路校巴通往哪里，也不敢乱上。

山下是一个很大的公园，很美，还有人工湖，是港中文的一部分。湖边有长椅，湖里有很多鱼。一对准新人在拍婚纱照。我心里想：在此就读的同学好有福！

港中文给我的感觉，跟前两所大学又不相同。而且那个独特的书院制，也令我产生了强烈的好奇心。9个书院，各有不同的特点和文化，弥补了学生归属感不强的遗憾。

这三所学校，我都很向往，能去哪一所，也是极好的，都可以让儿子锻炼得更加独立！

回来跟儿子描述。他显得有些不耐烦。我以为他不喜欢去香港，后来侧面试探才知道，他是喜欢这个充斥着美食、一切井井有条的国际化都市的，只是，这三所学校的招生要求很高，当时对他来说，有点遥不可及，而且全英文的教学环境和粤语环境，令他感到一些压力。网络、媒体上并不客观地对于一些事件的报道，也让他心存疑虑。

好吧，我们慢慢来。但是，我心中的天平，已经又向港校倾斜了一些。

入了一个港校家长的QQ群，了解到了更多的信息，也更加坚定了这个第一选择。

港大和港科大是需要全英文面试的，并且面试成绩也占有相当的比重。这也是让儿子有压力的因素之一。得想办法应对这个问题。

2017年到了高三。港大的网上申请系统开放。

"可以报名了！"我告知儿子。他犹犹豫豫地同意我报名。

再后来,港科大的报名系统也开放了。再告知儿子时,他就没有犹豫了。

我想,他已经在不知不觉间,也把港校当成了自己的第一目标了。终于上套了!哈哈!两个学校,根据前面的职业规划结果,我报的都是商科。我仿佛看到了一个商界精英在向我招手。

反正也没有什么损失,这三所学校对儿子而言,都是高目标,就是到时候去不了,以此为目标定位的成绩,大概也能在内地选个好学校。

5月中旬的时候,我跟儿子讨论:高考以后是否该报名参加一个北外举行的港大面试培训班。

虽然花费不菲,但是据我这几年的了解,这个培训还是比较专业的。儿子的口语并不是强项,并且没有多少面试经验。万一到时候达到面试线,而因为面试掉了链子,就可惜了。

没想到儿子一口答应了。我很开心。这对我来说,意味着他已经做好了心理准备,并且上调了自己的目标,还有了一些自信。仅仅是为了这一点,我都认为这个投入很值得。于是,我痛快地报了名,交了钱。儿子也定了心。

6月份高考结束后,先去自招面试,接着从广州飞北京,参加近一周的面试培训。他所在的8人VIP班,有来自兰州、内蒙古的同学,也有北京本地的。

我问他:"你觉得自己口语水平在他们中间怎么样?"他笑笑说:"还阔以啊!比我想得好!"

培训结束,感觉他比以前更敢说了,也不会太去纠结发音、语法啥的了。词汇量也大了一些。

于是万事俱备,只欠出分儿。

四、港校面试失败了

2017年6月24日出分。省位次令孩子很满意,算是考出了三年来最好的成绩。

我立刻把成绩上传到港大和港科的系统中,当天和次日,先后接到了两个学校的面试邀请。太棒了!儿子离港校,又近了一步。

我们申请把港大的面试地点从郑州更改到北京,这样两个学校,一个是27日,一个是28日面试,飞一个城市就好了。

6月27日,港大的面试地点是在北大,采用惯常的无领导小组讨论。这种形式对儿子来说,经过培训之后,已经不陌生了。他们组抽到的题目是,特朗普说,要把就业机会从中国拿回到美国。而他的女儿却在中国开办工厂。你对这个问题是怎么看的？

问儿子面试后的感觉，他说马马虎虎，还行。根据儿子对政治和经济并不敏感的特点，我隐隐地有了一点不好的感觉，但什么都没说。

第二天，6月28日，港科大的面试现场，来了不少儿子的同校同校。他抽到的面试题目是，政府是否可以强制企业使用绿色能源。三四个人一组，分正反两方面辩论，面试教授会指定你持有哪个观点。

同样，我一听这个题目，还是政经类的，于是丝毫不敢乐观。（唉，早让他看点《奇葩说》，了解一下辩论是怎么回事，就不干！）接下来，面试的教授让每个同学提问一个问题。我一听儿子问出的问题，心里就感觉不妙了，但我仍然什么都没说。不到黄河心不死，是人之常情。

6月28日，也是国内高考申报提前批的日子。对于这个问题，我跟儿子还发生了一点争执。儿子不知从哪里搜到了关于港中文的一个负面消息，于是提前批不打算报港中文了，想报上交的工程实验班。在招生咨询会上时，上交的老师说这个名次还是很有希望的。

我好不容易说服了儿子：哪个学校都会有点负面新闻，不能以偏概全！于是分别报了港中文的全奖、半奖和商学院三个志愿，并且不服从调剂。工学院、理学院干脆都没有报。

等待港大和港科大通知的过程相当煎熬，手机24小时开机，一天要刷无数遍系统和邮箱，重度强迫症了。我想，申请出国读书的同学和家长们，等待offer时，大概就是这样的心情吧。这一下，把什么都体验了。

后来，陆陆续续地听说，儿子同校的省位次更低的同学有接到港科大offer的，但是是工学院的。我还抱有一丝希望，可能商学院录取的晚一点。

再后来，7月7日的早晨，我们终于放弃了希望，这是港校录取的大限。终于接到了两所学校的邮件，却是通知未录取的。

想必过了面试的同学，也不一定是参加了港校的面试培训。正视自己目前的不足吧。起码我们做了自己该做的，因此没有什么遗憾了。据说：港校面试录取的，是有缘分的同学。也许，我们跟港校无缘。

五、重新审视专业

经过这两次面试的失败，儿子意识到了自己的思维方式目前可能具有的一些局限性，以及自己对考试以外的社会关注度有些不够，也较少对此进行深入地思考。

英语的口语表达，倒不是个问题了。语言只是个载体，面试经验丰富的教授们，可能更在意思维的广度和深度。

经过了短暂的失落，我慢慢地又开心了起来，起码儿子通过这件事，重新认识了自己的不足。唯此，才能不断提升自己。

而以前我提醒他多次，他都不服气或不在意，结果搞得很不愉快，我也怕打击到他的自信，因此也就不再提了。

同时，我也反思了目前对于儿子商科的选择是否适合他。两所港校，对于报读商科的孩子，都是要求具有未来商业领袖的潜力和相当的领导力。这跟我先前对于金融学、会计学等的认识，显然是不同的。作为一个天生随和、宽容、不犀利、不尖锐的孩子，也许目前阶段，这并不是一个好的选择。

完了，港中文的招生计划，理科在山东只设一个全奖，一个半奖，商科的招生计划也只有一个，被录取太难。该校其他专业我都没填，等于把儿子的这条路堵死了！

我意识到，先前过于依靠那些职业规划测试了。也许测试本身没有问题，只是需要非常专业的人士去解读分析，并且只能做参考。

于是，我们放下了港校，开始认真研究国内高校的志愿。根据儿子的位次，我们先选择了浙大、南大和上财三所学校。但是在把哪个学校作为第一志愿的问题上，开始了新一轮的纠结不已。

上财的就业前景固然好，这个分数进去也有专业保障，但是感觉万一以后出国，这所学校的国外认可度不高。而且财经类院校比较小，校园文化也比较单一，这就是儿子心目中的大学吗？

浙大和南大，哪个学校更好，我在知乎上被两派校友旷日持久的开撕，搞得头昏脑涨，研究到深夜，勉强得出个结论：浙大的工科更牛，更有野心，更有财力。南大的文、理和经济类更牛，更"淡定"一点。

照儿子想报的经济类，应该选南大的。可是，儿子很喜欢浙大，尤其是在高二的暑假，我们去参观过浙大紫金港校区，深深地喜欢上了这所学校，有了某些先入为主的"情结"。但是，浙大的经济专业，被打包在"社科实验班"里，那些与之无关的其他五花八门的冷门专业，让人避之不及。万一日后被分到那些专业，怎么办？

纠结！痛苦的纠结！

在此期间，咨询过不少专家，有对报志愿精通的专家，有具备国际视野的专家，还有目标学校往届的家长。我已经尽可能争取把孩子的情况和诉求说得比较全面、比较清楚了。

最终我发现，没有任何一个专家，可以帮得了我！因为，他永远没有办法站在我的角度上考虑问题。

同时，我所表达出来的，也只是冰山一角。深埋在海面以下的冰山的一大部分，是我可能没有或者无法通过语言来表述的。

它可能是源于其他未解的问题（只是表现在这个问题上），也可能源于孩子的某些情结上，更多的是源于一些未知的变数，即我们对孩子还无法认清的部分，比如孩子到底适合学什么；或者是现在还未知的因素，比如以后的就业情况；和孩子未来的想法和个人素质方面的变化。

报考大学有时候像是谈恋爱，也许在别人的眼里，这个姑娘不如那个姑娘，但是你觉得这个更合眼缘，因为你接触过。而那个姑娘，你只是听说过。浙大，是这个姑娘，因为我们到访过美丽的校区。而南大，是那个姑娘，没有去过，只是最近才留意过。

可见，考察学校，也是有学问的，不能胡乱、随便地考察。"胡乱"了北大清华，倒也没啥，反正它们的大门也很难进。万一"胡乱"了一个外表美丽、实则名不符其实的（我当然不是指浙大），孩子被"勾引"了，就比较麻烦了！

纠结于南大还是浙大的问题时，已经基本决定不把上财放在第一志愿了。我还是希望孩子能就读于综合性的大学，而不是一所仅仅是"实惠"的大学（上财学姐的原话）。

于是我又开始考虑另一个问题了：儿子真的不适合学工科吗？他的数学和物理成绩一向不错，应该是具备学科基础的。工科的大类很多，作为打基础的本科阶段来说，其实比学财经类更靠谱，更有技术含量，也更锻炼人的思维。

冥冥中我觉得，被两所港校的商学院所拒绝，仿佛预示着什么。经过慎重的考虑，儿子终于决定，把浙大的几个工科专业作为第一志愿院校的前几个志愿。这样的话，选择工科强的浙大，就完美了！

唉，早知如此，也许当初报港科大的工学院，可能被面试的就不是政经方面的问题，也许儿子会表现得更好。同样，早知如此，报港中文的提前批时，会把6个志愿全部填满，也能增加录取的可能性，而不是只奔商科一去不回头！

六、峰回路转，命运又一次被改写

2017年7月5日，老老实实地填报了志愿，之后强迫症似的反复查看，唯恐脑抽，犯明显的技术性错误。

然后数着投档的日子，并做着去浙大读书的心理准备，安慰自己：这样也很好！

7月8日是提前批投档的日子。下午忽然接到852开头的电话，心里一阵狂跳。电话中被港中文告知：儿子被半奖录取！然后让儿子选择一个学院（全奖、半奖是可以挑选学院的）。在经过了一番思考之后，儿子还是选的工学院，并没有选商学院，终于把自己变成了一个工科男。

儿子非常开心，终于可以圆港校梦了！

再也不用去操心填的那堆志愿的录取结果了！感觉自己的一生功力和修炼，在此刻被消耗殆尽。真不容易啊！

6月、7月的这段时间，剧情不仅跌宕起伏，还几次反转，心里感慨万千。

年轻时总是一味地相信努力的力量。而进入不惑之年的我，却渐渐相信是有一只命运的大手的。当然，足够的努力是基础。

有位"智者"告诉我：

"孩子现在对于自己的认识（以及我们对自己孩子的认识），可能只有事实的1/3还不到，还有很多未知的、我们自己没法掌控的变数。你现在以为的好，不一定是以后的好。努力到了，命运把哪一条路摆在你的面前，就高高兴兴地踏上新的旅途吧。那就是你最好的选择。被港中文录取，主动选择了工学院，对孩子来说，要比被前两所港校录取到商学院更好，更适合！没有什么一劳永逸的选择，人生也没有保险箱。"

感谢"智者"的总结，要不说，在每个成功女人的背后，都有一个伟大的男人呢！哈哈！感谢"智者"一贯的理性和淡定，同时又不缺乏感性。也感谢"智者"对我这个阶段"强迫症、焦虑症"大发作的包容和理解。

有的家长给我发私信：你孩子的这个位次，报考C9、华五啥的，完全能上，去港中文可惜了！

我只能呵呵了。

从QS世界排名上来说，港中文一直在四五十名左右，算得上是好学校。从孩子的个人规划上来说，港校三甲是我们的首选。

貌似不在一个频道上，涉及不同家庭的价值观和理念，不同孩子的不同人生规划，多说无益，也说不清楚。

有爱南科大、上科大那样的"新贵"的，有爱上纽那样的"混血儿"的，还有爱985（现在叫双一流）那样的"大家闺秀"的，也有爱欧美名校那样的"洋富帅"。从来没有最好的选择，只有最适合的选择。

当然，家长爱屋及乌，因为爱孩子，就爱上了孩子就读的大学，拼命为它宣传、辩护，抬高它的身价，这种现象也很多。其实背后的心理可以理解：谁都想让孩子享有最好的受教育机会；谁都想帮孩子做出正确的选择；谁都想成为尽职、睿智的父母。

下一届的家长们，辩证地对待各种声音吧。

写完这篇长文，我深深舒了一口憋了很多天的气。总算一吐为快！希望自己的态度是客观、中立、较少倾向性的。意在分享，不在影响。愿对有缘者有所启发，或者就当一个真实的故事来读吧。

经历，表达，总结，放下，继续前行……

46　跟孩子共同成长

在儿子就读高中前，我好像并没有关注过什么讲座。儿子进入了这所学校后，尤其是高一，因为参加过一次，尝到了甜头，学校的每次面向家长的讲座，我都尽量争取参加，总是或多或少地有所收获。市里举办过两届家庭教育论坛，我都参加了。学校举办的第一届家教论坛，我也参加了。

后来我才知道，我参加这些活动，是后来出任"青岛二中第二届家庭教育论坛"嘉宾的必要积累。可见，付出总有收获，尽管你在付出的时候，并不知道。

参加的活动多了，我开始有了反思，有了质疑，思考的水平也渐渐有了一些提高。

儿子从高二起越来越自信，不再束手束脚，竞选了班长，希望能让班级变得更好。在一个同学们想法各异、个性十足的班级里，当班长是一个不小的挑战。我为儿子的责任感而折服，完全赞同他的这个选择。

儿子的工作遭遇了很多的打击，有客观原因，也有经验不足的因素。他不经常跟我抱怨，我却能从他的只字片语中感觉到。少数同学啥都不愿参与，啥都瞧不上，只会质疑、挖苦、批判，以为那就是个性的彰显，或者是充分行使了自己的议事权利，却无法提出任何可行性建议。而偏偏这些少数人的声音比较大，有时会在班里形成消极的氛围。

我像后妈一样，开心地看着儿子被虐。有些事情，总要经历。有些人，总要遇到。班级就是一个社会的缩影。学着做强者，学着在不太理想的环境中生存、发展，做好自己该做的事，这是人生的必修课。

摔倒了，爬起来，然后反思，从失败中学习。万一有一天逆境成了常态，也不会太惊慌，不会迷失，还是该干啥干啥。我知道，儿子能从这段经历中得到的，将远远超过他的想象，只是他暂时想不到而已。

而我是儿子强大的亲友团和后援。凡是安排给我做的事，我都争取做得尽善尽美，绝不给儿子丢脸。

我们共同经历了不少事儿，既分担了他成长的压力，也分享了他成功的喜悦。我对儿子的班级越来越熟悉了，也跟儿子有了很多共同的话题、共同的笑点和槽点。

儿子在成长,在陪伴他的同时,见证他成长的同时,我也在成长。

儿子的班里也有一些非常热心的家长,经常参与学校的活动,积极出谋划策。大家都有繁忙的工作,只是不想错过孩子成长的任何节点,乐于近距离地陪伴孩子的成长,付出很多,但是乐在其中。

尤其是想到过不了多久,孩子们就像羽翼丰满的鸟儿,将会纷纷飞出家门,拥抱更广阔的天空,那时再也没有机会陪伴了,就更加珍惜这些机会,愿意多留一些美好的记忆。若干年之后,除了记忆,我们还有什么呢?

我的很多文章发表在公众号之前,都会让儿子看看,有时候还会讨论一下,于是又拓宽了一些话题。因为我的很多粉丝都是儿子学校同学的家长,我不希望因为我的探索和尝试,让儿子承受不必要的压力。

事实上,儿子非常鼓励我做这件事。有个会写文章的妈妈,似乎儿子也是自豪的,好像他在学校也并没有感受到什么压力,反而让我在儿子的眼里加分不少,说的话也更加被重视了。

看来,被尊重、被当回事儿,也是要靠自己搏的,即使是在自己的孩子面前。孩子表面顺从,阳奉阴违,实在无助于家长与孩子的有效沟通,再牛的家长在这种情况下,也没有办法去引导孩子。

2016 年 12 月,高三的第一个学期,学校邀请我作为嘉宾,出席该校第二届家庭教育论坛,参与圆桌讨论环节。

我犹豫了很久。本身并不是教育界人士,也没有类似的经验,虽然可以做一些准备,但也需要临场发挥。万一出丑可怎么办?

问儿子。如果儿子阻止我,就免去了我的纠结,就不是我自己放弃的了。逃避的心理我也会有。儿子却说:"我觉得机会不错啊。"居然没说让我"自己看着办"这样经常用的外交辞令!

我看着他热切和鼓励的眼神,眼一闭,心一横,接受了邀请。为母则刚,不能说一套,做一套,一方面教育儿子要勇于突破自己的极限,勇于尝试新事物,到了自己这里,却瞻前顾后,缩手缩脚。有什么呀?充其量不过是丢人嘛,又不是什么社会名流,脸面什么的都不值钱。组织者都不怕,我怕啥?

抱着多些体验的心态,我上了台。圆桌论坛发言的,全都是有代表性的家长,并非专业人士,因此,也不显得我多么露怯。好像也没有想象的那么难,还挺好玩的,下面坐着的几百名家长,也似乎没有构成多大的压力。从某种程度上来说,这是儿子给我的成长机会。

这下在学校里更有了些名气,想想还真有点恍如隔梦的感觉,是儿子入学时我决然没有想到的。儿子的学校,竟然成了我不小心狂刷存在感的舞台。家长中间藏龙卧虎,高人肯定不少。我一个跟教育行业八竿子打不着的、从事外贸行业的商务人士,算哪根葱,哪头蒜啊。真是造化弄人!

临近高考时,我被约稿,为儿子班里的毕业纪念册撰文。也没有怎么费力,好像信手拈来,就把自己代入了一个18岁的心境。大概因为去过多次,学校的春华秋实、一草一木,我都比较熟悉的关系。

于是写出了那篇《长长的台阶》。第一个看的人是儿子。他少见地毫不吝啬地赞扬:"写得很好!很感人!"对我来说,这就够了,其中的满足感无法用语言来形容。

后来就更离谱了,我竟然被称为"本届最有才华的家长",被邀约为本届毕业典礼的家长致辞环节撰稿!怎么推都推不过。反正赶鸭子上架,也不是头一回了,脸皮已经练得比较厚了。那我就试试吧,以一天为限,实在写不出来,我也不能把自己逼死吧,只好放弃,爱谁谁。

头一天晚上,在北京的某个宾馆房间里,什么都写不出来,我开始焦虑了,尝到了被人逼稿的痛苦。看来,以写作为生的话,也不是那么好玩的。第二天我起了个大早,先生还在呼呼大睡,我抱着电脑,戴着耳机,坐到了酒店的大堂里最里面的那张桌子旁,然后写出了一篇《等你归来》。往事历历涌上心头,思绪飘了很远,泪水流了一包纸巾那么多。看来,被逼迫,也是可能写出东西来的。我自己实证了。

然后不出意外的,我的这篇文章大部分都被毙了,只保留了几段,原因是不够突出学校的作用。我就说我不擅长歌功颂德的嘛。怪我咯!太好了,连文章被毙,都尝到了!买一送一啊!顿时觉得,现在的职业也还不错,虽然生存艰难,但不用看人脸色,完全靠自己努力。

但是文章并没有被浪费。我被邀请在儿子班里的毕业团圆宴上朗诵,于是我选了这一篇,经过删节,配上了神思者的曲子,表演了五分钟的诗朗诵,再一次大出风头,并赚取了感动的眼泪一箩筐。

感动了家长,是没有多少悬念的,大家走过的路,尝到的滋味,都差不多,很容易引起共鸣。能让18岁的毕业生们动容,能走进他们的内心,令我很有成就感。慢着,儿子的眼神里闪烁的那个东西,是传说中的崇拜吗?哈哈。

当众诗朗诵,这,也是第一次,给我陪伴孩子高中三年的经历,画上了完美的句号。

有的家长好奇地问我:"你怎么会有那么多的时间呢?"我不知道怎么回答这个问题。三年以前,我并没有参与儿子学校的活动,也还没开始打理公众号(我的公众号,还是一个不满两岁的baby)。然而,我也并没有成为什么富豪或商界精英,在其他方面也并未有所建树。时间就那么流逝了,快得我都想不起来是怎样度过的。

说没有付出代价是假的,说付出的时间成本不值一提也是假的。但时光易逝,我知道自己什么都留不住,我知道自己在倾尽全力,去助小小鸟羽翼丰满,一天天成长为可以翱翔蓝天的雄鹰。

既然命运让我在陪伴孩子成长的同时,也惊喜地给了我无数个成长的机会,那我就去抓住这些机会,也去成长吧,去经历无数的第一次吧。

儿子毕业时,学校也给每个家长发了一张"家长学校"的毕业证书。前段时间忙忙碌碌,心神不定,没有细看。今天拿出来,仔细端详,读懂了那些文字后面的意义。上面写道:

"三年不易,有苦有甜,感谢有您,一路相伴。近千个日子里,您对孩子的教育孜孜不倦,身累心甘,为孩子增添了多少成长的助力和终身受益的能力!是您辛勤的汗水和智慧的辅佐,成就了孩子生命之树的枝繁叶茂,日益参天!"

扪心自问,不负韶华,不负为人父母的责任,该做的都做了。我可以拿起笔来,填上自己的名字了,理直气壮,问心无愧⋯⋯

47　长长的台阶

——为儿子班级的毕业留言册撰文

校门口的那段长长的台阶，
曾使初中时的我魂萦梦绕，
多少次我想象自己，
坐在了台阶最上面的教室里，
阳光洒满了讲台，
轻风拂动白色的纱帘。

于是我为了这一幕的出现，
立下誓言洒下汗水奋力成为更好的自己，
终于我可以缓缓地拾阶而上，
将那张千钧重的通知书捧在手里，
那一天的阳光如此明媚，
天空也蔚蓝如洗。

可是那仿佛才是昨天啊，
为什么这个樱花季变得格外短暂？
为什么有人告诉我，
当宿舍楼前的那片银杏树，
把金黄色的叶子铺满草地时，
将再也看不见我们的容颜？

宿舍的铁床被娴熟的翻上翻下磨光了把手，
睡在我下铺的家伙们啊，
让我们再斗一次嘴 再吹一次牛，
再分享一次那些心照不宣的秘密，
然后拍拍彼此的肩膀，抱一抱，
就奔往不同的方向吧，
在我的青葱岁月里，
你们是永不褪色的风景。

神一样存在的老师啊，
感谢把我们带进神圣的求知殿堂，
虽然游着游着我们就晕头转向，
总有个声音在前面把我们呼唤，
然后我们跟跄着走出了知识的迷宫，
才发现自己原来已在登高远望。

我会多么怀念，
你课堂上的侃侃而谈，
以及你貌似随意的必杀技——
那枚威力无穷、精准打击瞌睡虫的粉笔头，
它蕴含了你数十年勤勉修炼的功力，
也泄露了你无与伦比的男神霸气。

我也会怀念你女神般的温婉美好，
你柔和亲切的声音如春风化雨，

你充满信任和鼓励的目光，
点燃我心头的那盏长明灯，
它照亮我未来远远长长的路，
让我充满了砥砺前行的勇气。

成人礼过了，
十八岁的生日也过了，
我早已不像幼时那样盼望长大，
但我日渐丰满的双翼却在不由自主地拍打，
那是生命出于自身的渴望而响应的，
蓝天发出的神秘召唤。

愿有一天，
我们的老师会自豪地说：看，那是我的学生！
愿有一天，
当我们大声说出自己的名字和母校的名字，
世界为之侧耳寂静了片刻，
然后我们再相约去攀登一次母校长长的台阶。

48　拿什么送给你，我即将远行的孩子

——写在儿子去上大学前

亲爱的儿子：

还有不到一周的时间，你就要离开家了。

作为（到目前为止）最了解你、最希望你好的人；思想不僵化、有一定的学习能力、绝不会不懂装懂的人；事业上说得过去、人生经历也够丰富的人；理性和感性完美结合的人……我觉得自己有资格在此刻对你说点什么。

希望我以上的自我吹捧，能换来以下的文章在你的收藏夹占有一席之地，能时不时被你翻出来看看，想想。

一、关于大学的专业

说到大学，毕业已经 20 多年、专业是英语语言文学的我，和将要学工科的你，看起来隔了十万八千里。

好笑的是，英语成绩还算不错的我，开始时连 Hong Kong 都读错了，愣是给读成了"红控"，而不是"航抗"！

但这并不妨碍，到了大二那一年，就词汇量暴增，渐入佳境，在"模联"中煞有介事地谈论国际大事（当然，那时没有"模联"这个词），脑补了外交部第一翻译的感觉。

那个时候，已经感觉班里同学的专业水准拉开了档次。中小学时的教育差异固然是一个原因，但我想更直接的原因是，饱受了高考炼狱般的"摧残"之后，有的同学很想喘口气。大学里的空气貌似是如此的轻松而自由，结果这一口气就喘了一年，就拉开了距离。

因此，我从来没想忽悠你：上了大学就轻松了！

到大四的时候，差距就更大了。准备考研的同学，毫无疑问，比准备找工作的同学，专业水准要更高一些，原因是对于自己的要求更高。

像我们这种纯语言的专业，自己所学的课程，在单位里其实多半都用不上。谁去管你《英美文学史》学得如何呢？

但是在我所就职的外贸公司里，英语的听说读写功夫，还是很重要的。我在实习阶段就开始翻译厚厚的标书，刚工作没多久，就被借去给一个合作单位

当口译，跟来访的美国代表团商业会谈，都还比较胜任。

用人单位的眼睛都是雪亮的。如果我不懂一些专业词汇，没有人会责难刚入行的我，因为我以前没有接触过。但是，假如我的英语口语和翻译水平不过关，那么就是硬伤了，因为这是我专业范围内的。一次还不要紧，二次、三次，我就会失去很多发展的机会。

一个在大学里连自己的专业也学不好的人，要怎样说服别人你是有实力的，也是有培养潜力、有学习能力的呢？很难！

所以，把专业学好，很重要。尤其是你们的大一会有很多基础课，可以充分了解各个专业的不同，大二时选择专业就会更有目的性。

因此，你只有两个选择：要么学好所选的专业；要么转专业，或转学院（如果实在不来电），然后学好。

很多课程在刚开始学习时，会感觉很难，感觉没有多么有趣。除了坚忍，耐心，舍得付出努力，没有其他的选择。遇到了困难，只可以说：我以前没有遇到过，因此暂时觉得有些难。千万不能说：我不行！那样，你就真的不行了。

成绩平平不是不可接受，前提是干出了一番对未来的个人发展更有意义的事儿。怎么界定我不知道，可能，比如……创办 Microsoft，Facebook 那样的公司，或成为合伙人！（哈哈，我是在说笑，领会精神吧。）

你将来的生存环境，会比当初的我，会比现在，面临更加激烈的竞争，无论你读研，还是工作。这一点不要抱幻想。

想想你一路走来的不易，我知道，你会珍惜这四年的时光。开始不见得会一帆风顺，会有一段适应期，这对每个新生都不容易。咬牙挺住，是成本最低的选择。

过去的成绩，无论辉煌与否，都已翻篇。谁能先把自己清零为小白，谁就能更快地开启新的旅程。

二、关于文化观念

我不知道，在香港你是否会经历 culture shock。但我肯定地知道，如果经历了，这绝不是一件坏事。任何一种文化，都该经得起被讨论，被质疑，被批评。别人的文化是如此，我们自己的文化也是如此。

跳出自己原有的思维方式，重新评估一下（也许在你们的这个年龄，只是建立）自己的价值观和世界观，这难道不是我们选择换个学习环境的初衷吗？

真心地希望，你能关注更多文化中的闪光点，褒扬自己文化的同时，不该是贬低对方的。如果看不到地域文化中的瑰宝,也许只是自己的见识不够,不见得是对方文化的贫瘠。

讲个段子吧:

2017年6月27日,你在北大的某个候考室等待港大的小组面试时,我在外面跟一个天津的家长聊天儿。听他打电话,似乎是某大企业的管理人员,看上去也见多识广的样子。旁边还有一个山东的家长,一副成功人士的精干模样,他的儿子高考成绩很不错,省排名大概100多的样子。

天津家长笑道:"你猜怎么着?高考那天,竟然有个女家长,坐个小马扎,手捧一本经书,面对考场的方向,念念有词!"他一边哈哈笑,一边把他拍的"女家长念经"的照片给我们看,一副不可思议的神情。

我笑了笑啥都没说。信则灵呗。

那个山东家长非常有涵养地也笑了笑,说:"儿子高考那天,我也念经了!"

可爱的天津家长闻言,没来得及收起的笑容,尴尬地凝固在脸上,连忙自圆其说:"要不你儿子考得那么好!"

这弯子转的!我大笑。

你不了解的东西,不见得是错误的,荒谬的。你可以不念经,不祈祷,相信谋事在人,但是不要对那些念经、祈祷、更相信成事在天的人抱有偏见,尤其是他们也不见得省去了该付出的努力。所以,不了解、未经历,就没有权利置评。

哪里都会有观念的碰撞,无论是一国,一地,还是一家。这是常态。

对自己的文化,也要换个视角,重新审视以前那些不假思索就接受或被灌输的部分,去其糟粕,取其精华。千万不要像脑残粉一样玻璃心,别人一说就急,完全不去考虑人家说的对不对。

"不识庐山真面目,只缘身在此山中。"好不容易有了机会出了"庐山",就好好地前后左右打量一番吧。

三、关于未来的规划

假如你觉得未来是迷茫的,这很正常,恭喜你。说明你还有很多东西,可以去探索。

你能想象未来就像一条笔直的大路,一眼可以看到尽头吗?这种感觉绝对索然无味。未来因为充满未知和不确定性,才有魅力。

等你某一天不迷茫了,你就不再年轻了。凡事至少有两面。

既然不能把人生一眼看到头,只设定一个大致的方向吧,走一走,然后停下来想一想，总结一下，审视做过的选择是否正确，然后修正后面的计划。

做重要的选择时，不要选择看上去最省事儿的，最容易的。而要选择最能提升自己的，最能增加自己含金量的。

走捷径往往是绕远路。省力的总是下坡路。人生有时走段下坡路，也是难免的。可是明智的人会及时警觉，不使省力成为一种习惯。那样会变懒。

四、关于专业以外的课

我曾经强烈地建议你，如果可能的话，去选修一门哲学。大学，除了奠定一种好的学科思维方式，积累、提升学术能力，同样重要的，是学习并思考：未来如何过上有品质的生活。

哲学是我学过的最有用的课程之一。哲学家，一般人是成不了的，但是学会理性的、更有逻辑的思维方式，则完全是可能的。人生有时会让你感觉像一团乱麻，而它能帮你找到线头，有助于做出正确的决定。

并且会让你更深入地思考人生，拓展人生的深度和广度。同样的一辈子，看上去都是七八十年，却会让你的人生更超值！

说到最没用的课程之一，对我来说，日语算是一门，当时是我们的二外。说是没用，还是有些用的，起码尝到了学习一门语言从看天书，到开始入门的那种神奇的感觉（在英语方面已经尝不到这种感觉了，稀稀拉拉学得太久了，夹生了）。

临界点就那么不期而至：突然有一天，开始用日语思维了，脑子里的那个声音，会切换到日语频道。好玩！

并且，学会了另一门外语，也给了我自信，觉得如法炮制，可以学会其他的语言。（当然很久都不用，现在都忘光了，也验证了学习语言是为了应用的。）

所以我的观点是，学什么课程都会有用的。有的课程并不是教会你多少知识，而是教会你学习的方法，提升你的学习能力，磨炼你的意志。

有些人总是说：学这个没用，学那个没用。一辈子还没过完，你怎么知道这个有用没用呢？那么，不学这个，大学的这段时间，你有更有意义的事情去做吗？如果有，还好说；如果没有，这就是个偷懒的借口而已。

希望你不要被一些貌似有道理的观点所影响，凡事都要辩证地去思考。有时候不是因为某个观点是大多数人的观点，而只是发表观点的人的声音比较大、出现频率比较高而已。即使是大多数人的观点，也不代表是正确的观点。

五、培养解决问题的能力

想起了一件小事。上初中时,有段时间,老师给你安排了一个别的同学都不喜欢的同桌。这个同学总是严重打扰别人的学习,也不善于与同学相处。

你忍了将近一个学期,后来终于鼓起勇气去找老师,要求换同桌。下一个学期,老师就给你调换了。至于别的同学怎么去忍他或跟他碰撞,那是老师该操心的事儿(老师比你有办法得多),更是这个同学和家长该反省的事儿。这不叫自私,你只是在做你该做的事儿。

我当时很高兴,因为你解决问题的能力有了提升。

随和、宽容、对别人有包容心,让你收获了不少朋友。有这种性格特质的人,需要警觉的是,不让原则失守。

人和人交往是该有界限感的,无论是多么亲密的关系。碰触了你的红线,你头脑里的警报器就该一闪一闪地报警。这是我一直鼓励你去建立的心理机制。不是因为我太具保护欲,太过虑,而是因为我见证了不少因为没有原则,而导致人生处处失败、生活几近失控的例子。

说回来那件事。我不是说,你的做法绝对正确。我们此生也许会遇到一些很不喜欢的人,能绕开固然好。实在绕不开时,也要在坚守底线(比如互相尊重)的情况下隐忍,尽可能去看到对方的长处,把这段经历当成人生的修行之一。

少数的问题,不能马上得到解决,需要耐心等待。时间长了,也许其他的因素会发生作用,使问题得到解决。因此,我们始终应该抱有信念。

十三四岁的你,已经忍耐了一个学期,情况没有改观,努力过了,于是你鼓起了勇气,跟能改变这个情况的"权威"积极沟通,寻求解决,而不是一味消极地忍下去。后来那个同学好像也慢慢有了改变,老师应该是找他和家长谈了,他估计也有过反省。

你不去把这个问题放到桌面上,也许老师不会引起重视,可能不会把它当成要解决的问题。

大多数问题,都能通过自己积极有效的努力得到解决或改善。这是你从那件事中学习到的吧。

所谓人生的成功者,都具备较强的解决问题的能力。因为人生从来都少不了问题,这是常态。人的一生,就是解决问题的一生。

六、说说恋爱的事吧

记得在我最早的一篇文章之一里,我祈祷过你高中不要谈恋爱。感谢没有执着的女孩儿瞄准你,也感谢你这方面不强的行动力。

我知道你有时会为此觉得遗憾,但是在高考成绩公布的那一刻,遗憾也烟消云散了吧。所有的关系,都需要成本维护,而高中的你,给不起。至于同龄的其他人是怎么支付这个成本的,又收获了多少,现在和以后有没有遗憾,我不想评论。

要读大学了,该修一下这门叫作爱情的人生必修课了。

我不知道你会遇上怎样的女孩儿,也不想给你很多建议,只想告诉你几个关键词:

1. 假的爱情。

假如这段关系,没有让你觉得生活变得更美好了,自己的生活态度没有变得更积极、更自信,而是变得消极、自卑、不自在了,那么这一定是假的爱情。去结束它吧,毫不犹豫。

爱情,是借由对方的眼睛,让自己更喜欢自己的,不是让自己更看不上自己的。(当然,基础是,自己本就喜欢自己。这是原生家庭决定的,否则什么人也很难拯救你。)

同样,如果你无法为对方带来这种积极的感觉,那么这种关系也是长久不了的。假如是这样,心平气和地接受分手吧。这不是单凭努力可以做到的,而是由两个人的契合度决定的。

爱情再盲目,也不该"瞎"到这个份儿上!

2. 顺手的"恋爱"。

完全不要为了排解孤独感而随便谈个顺手的恋爱,尤其是对你这样心地纯良的人。比一个人的孤独感更可怕的是,两个人相处的孤独感。你所经历的一切,都会在你的心里留下痕迹,引导着你的认知,构成了你人生的一部分,不是按一下删除键,就会无影无踪的。

成年人的孤独感,是高贵的(至少不是可耻的),也是正常的(不说明你孤独你就怪异),可能会伴随我们的一生。

也不要学别人游戏人生和爱情。你只适合认真地选择你的对象,认真地去追求,认真地相处。

如果发现不合适了,认真地结束。诚实面对自己,面对对方。

不喜欢了,不要不好意思说出来,假装还喜欢。将就,是对别人、对自己的不负责任。也许对方离开了你,会有更好的选择。

投入的时间,付出的情感,就当成人生的学费了吧。及时止损,是学会财务投资的第一步,对漫漫人生的投资,也是如此。

不要辜负别人。意思不是说爱一个人就对她负责一辈子,而是,同一段时间内,恋爱关系应是唯一的。结束了,才能开始下一段,清清爽爽,明明白白。否则的话,你以为渣男是什么意思呢?

也不要辜负自己。凡是硬要改变你本性的,都是该远离的。

敏感或豪爽,内向或外向,喜欢独处或热爱社交,这些都是本性的范畴。自己的本性不被对方接受,是痛苦的事。不是说本性不同的人就不能谈恋爱或做朋友(这完全没问题),而是说,想改变对方本性的欲望,对关系极有杀伤力!

彼此喜欢、欣赏对方本真的样子,不要求对方去改变什么,才是合适的恋爱对象。交朋友如此,恋爱更是如此。

3. 不愉快的经历,止于一个特定的人,一段特定的关系。

人和人的不同,有时候超过人与大猩猩的不同!不谙世事的年轻人,往往容易泛化自己的失败经历。女孩儿遇人不淑,就会觉得渣男遍天下。男孩儿被一个女孩儿劈了腿,就觉得女人水性杨花的概率很大。这些想法都很傻。

TA 只代表 TA,只是个人行为,受 TA 的成长环境和家庭所影响。另一种成长环境和家庭氛围,会造就不同的人。你的运气不会总那么坏。如果总是那么坏,一定是自己出了问题,需要狠狠地反思。

4. 优秀的对方。

不出色的对方,不意味着维护关系的低成本(不特指财务方面),与忠诚度更没关系;优秀的对方,也不等于需要更高的投入,或带来不安全感。

要记住这道不等式哦!

所以,不要怕承受压力,就不敢去追求优秀的女孩儿,如果喜欢的话。觉得有点配不上,就去努力提升自己吧。与优秀者为伍,可以让你对自己有所要求,因此也会更优秀。

当然,我说的优秀,不是指外貌出众。漂亮的女孩儿,谁都知道欣赏,这种鉴别没有任何含金量。

优秀的定义很多,善良是绕不过的一条。而内心富足,善解人意,乐观努力,这些优秀的品质,则需要独具慧眼。

未来的你,有很多很多需要学习。人性,也有很多很多需要探索。

　　愿你四年以后，就像现在的自己回顾来时的路一样，虽然一路洒下了不少汗水，但内心充实满足，无怨无悔！

　　愿你尽享人生的美好，同时，又勇于突破自己的极限！

　　祝福你！

　　　　——仍然会努力提升自己以便不与你拉开太大距离的、爱你的妈妈

49　告别篇：等你归来

送给即将或已经远行的孩子们。送给永远守候的父母们……

当你降生后，
我的世界瞬间变得明艳动人。
于是我顿悟：
我之前所有的人生经历，
不过是段无声的黑白电影，
在这最美好的相遇面前，
都薄成了一张胶片。

你响亮的啼哭声，
是世上最美的乐章，
它向世界宣告，
有个纤小的新生命，
对我无限的信赖和依存。
从此，我并不只是为了自己而活，
另一个生命，
将因为我用心的抚育和陪伴，
绽放出自己的绚烂花朵。

我知道你不是为了我来到这个世上，
每个人都有着自己的使命，
有待此生去探寻和求索。

但是，
前生何止五百年的轮回等待，
换来了这次你的生命经由我而来，
换来了让我做你生命的强弓，

奋力把你射向又远又长的未来。

我知道,
无论我要不要求,
你一直在努力成为我的骄傲,
成为我发冠上的那颗耀眼的明珠。
尽管当我向别人直接或婉转地夸耀你时,
你一边大声地抗议我的肤浅和俗气,
一边却悄悄地一饮而尽那份满足和甜蜜。

我其实不要你承载我的任何希冀与愿望,
因为父母子女一场,
我已经收获了太多的馈赠和惊喜。
我见证了你,
从一棵破土而出的幼苗,
长成了枝繁叶茂的参天大树。
我看见你的根须正悄然延伸至广袤的土地深处,
我看见你的树干变得更加坚实和粗壮,
我看见令人心醉的嫩绿挂满了你的每个枝头。

也许狂风会来,
无情地摇动你的枝干,
暴怒地把你的叶子吹落一地。
也许暴雨会来,
把雨点肆意地打在你的身上,
用电闪雷鸣让你恐惧。

不要害怕,我的孩子,
这是生活的常态。
风不会一直刮,
雨也不会一直下,
你的根须远比你能想象得更加坚韧和深厚,

风雨摧毁的只是些残枝败叶，
洗刷了身心，磨炼了承受力之后，
你看，那些重新长起来的枝叶更加繁茂，
它们在骄傲地述说你的勃勃生机。

你已经长得那么高，那么壮，
让我再也无法为你遮风挡雨，
只要把自己无畏地交付给大地，交付给生活，
你会发现生命可以如此强大和美丽。

我想当你一生的导师与朋友，
但我知道这只是妄念。
你的生命犹如一场盛大的马拉松赛事，
在不同的赛段，
应该经历不同的人和不同的风景。

小的时候是我，
搀着你稚嫩的胳膊，牵着你柔软的小手，
或者静静地陪伴在一旁，
或者大声地在前面为你加油。

不知什么时候，
我不得不放开了牵着你的手。
我已经跟不上你大步快跑的步伐，
如果不能得体地退出你的赛事，
我知道自己将会成为你的羁绊。

感谢生活对你的厚待，
感谢在你生命中出现的所有人：
那些擦亮你的双眸、拭去你心灵尘埃的人，
那些启迪你的思想、放飞你灵魂的人，
那些年轻时的你视为路人擦身而过，

多少年以后却千回百转、难以忘怀的人。

雁过留声与不留，
其实都是旁观者的一厢情愿，
而大雁知道自己的雁阵曾经划破过长空。

校园里的樱花悄悄地开了又落，
赏花的孩子换了一拨又一拨，
而你知道自己曾经来过。

教室里吱扭扭的课桌，
见证了你一千多个浓墨重彩的日子，
它知道自己曾经被你的汗水打湿过。

说再见的时候快到了，
你就要背起自己大大的行囊，
告别母校，离开家门，
而我用尽了自己所有的心力预演了无数次，
却仍然不知道怎样面对这个时刻。

抱抱我以后就转过身去，
请你不要再回头，
就那样背对着我挥挥手吧，
我生命长片中永恒的主角啊，
就让镜头定格在，
你留给我的背影上。

家，是你梦想起飞的塔台。
家，是烈日下的一大片绿荫，
家，是狂涛骇浪中的温馨港湾。

当你勇敢而任性地追逐梦想，
当你在沙漠中艰难地跋涉，
当你决然地扬帆远航，
别忘了，
无论你飞得多高，走得多远，
家，就在你身后不远的地方。

我会一直保留着你离开家时的样子，
会点燃一对长烛为你祈福，
会在门口挂上一串叮咚响的风铃，
耐心等待你的再次归来。

无论你披挂整齐，盛装而至，
还是拖着疲惫的步伐，行囊落满了尘埃，
我都会给你一个大大的拥抱，
然后轻轻地告诉你：
我永远为你守候，
家的大门永远为你敞开。